U0949659

新中国信访工作研究

吴　超／著

中国民主法制出版社
全国百佳图书出版单位

图书在版编目（CIP）数据

新中国信访工作研究/吴超著．—北京：中国民主法制出版社，2022.11

ISBN 978-7-5162-3007-7

Ⅰ.①新… Ⅱ.①吴… Ⅲ.①信访工作-研究-中国

Ⅳ.①D632.8

中国版本图书馆 CIP 数据核字（2022）第 223577 号

图书出品人：刘海涛
出版统筹：贾兵伟
图书策划：张　霞
责任编辑：张　霞

书名/新中国信访工作研究
作者/吴　超　著

出版·发行/中国民主法制出版社
地址/北京市丰台区右安门外玉林里 7 号（100069）
电话/（010）63055259（总编室）　83910658　63056573（人大系统发行）
传真/（010）63055259
http：// www. npcpub. com
E-mail：mzfz@ npcpub. com
经销/新华书店
开本/16 开　710 毫米×1000 毫米
印张/11.25　**字数**/135 千字
版本/2023 年 1 月第 1 版　2023 年 1 月第 1 次印刷
印刷/三河市宏图印务有限公司

书号/ISBN 978-7-5162-3007-7
定价/48.00 元

前言

新中国成立以来，中国共产党团结带领人民探索出一条具有中国特色、符合中国国情的民主法治之路。作为具有显著中国特色并发挥独特作用的制度创建，作为一项“了解民情、集中民智、维护民利、凝聚民心”的重要工作，信访制度是最具有中国特色的政治制度之一。

信访是中国共产党在治国理政中创造的当代术语。类似信访的制度在中国有着悠久的历史，并且历经千年发展而从不稍辍。中国自古以来重视德治、礼治的治国方略，历代均设有相应的机构与制度来处理蒙冤受屈者的诉愿，形成了“官纳言于民、民诉言于官”的沟通机制。尧舜时期，就设置有“进善旌”“诽谤木”“谏鼓”，“听下言纳于上，受上言宣于下”。西周时，设置“路鼓”和“肺石”制度受理民怨。在汉代，则出现了“诣阙上书”这种直诉制度。晋武帝时，设登闻鼓，悬于朝堂或都城内，百姓可击鼓鸣冤，一直沿用到清朝。此外，尚有“匦函”制度、上书制度、“邀车驾”制度、通政使司制度等一系列处理信访问题的制度设置。近现代，则有清末士民上书代奏制度、民国时期的陈情请愿制度等。

人民信访肇始于新民主主义革命时期的早期实践和制度孕育，从新中国成立初期的处理“人民来信来访”发展成为制度完备、功能齐全、机构众多的完备制度体系，至今已颁布《信访工作条例》以及几百部关于信访的行政法规及其他有法律约束力的政府规范性文件。在信访机构设置上呈现出规模化和多元化的特点，除党政机关、审判机关、检察机关外，工、青、妇等群众组织都设有信访机构。此外，军队、新闻单位也设有专职信访机构，其工作程序、原则与党政机关无异。信访主体多元化，不仅本国公民拥有信访权利，外国人、无国籍人、外国组织也可以提起信访事项。信访形式有书信、电子邮件、传真、电话、走访等多种，现在网上信访成为群众信访的主渠道。新中国成立以来的70多年里，在从站起来、富起来到强起来的奋斗历程中，信访工作通过积极探索、规范操作，逐步走上制度化、规范化、法治化的轨道，在不同历史时期都发挥着不可替代的重要作用。

作为一种社会政治制度，其他国家也存在着类似的信访制度，比如北欧的申诉专员制度、德国的请愿制度、法国的调解专员制度、日本的行政交谈制度和韩国国民苦衷处理制度等，可统称为公民申诉制度。与中国信访制度相比，仅在形式上有相同之处，在规范和功能上存在明显差异。西方国家的公民申诉制度往往是议会政治的工具，对处理群体性利益问题和紧急事件等作用有限。

党的十八大以来，以习近平同志为核心的党中央审时度势、高瞻远瞩，顺应新的形势和任务的变化，对改革和创新信访制度作出了一系列重大部署，聚力打造阳光信访、责任信访、法治信访，着力推进信访工作的法治化、信息化和专业化，凝聚改革共识，使信访工作能力不断提升，信访制度的改革和创新不断实现新的突破。党的十九大报告指出，经过长期努力，中国特色社会主义进入了新时代，这是我国发展新的历史方位。新时代意味着新的历史考验和发展机遇，意味着新的任务和要求，这就需要一个既充满活力又和谐有序的社会环境作保障。作为“了解民情、集中民智、维护民利、凝聚民心”的一项重要工作，信访工作是社会稳定的“减压阀”“稳定器”“润滑剂”，担负着更重要的职责使命。

信访制度具有最显著的中国特色和独特优势，新中国信访工作历史经验十分丰富，其中蕴含着大量带有规律性的内容。一些基本的重要的规律已经被陆续发现，但还有许多规律有待挖掘；即使已被发现的规律，也有待人们通过新的实践去深化认识。加强对信访史的研究，有助于把握社会主要矛盾变化对信访工作的新要求，为我国的信访理论研究积累智力成果和知识沉淀，为新时代信访工作的改革和创新提供历史借鉴和智力支持。

目录

第一章　“必须重视人民的通信”（1949—1957 年）

1949 年新中国成立后，广大人民群众怀着对新生政权的极大信任，期待尽快改善生活条件，纷纷写信或来访反映生活困难、要求救济等涉及个人切身利益的事情，并积极参与国家管理和建设。为了密切联系群众，尽快恢复和发展国民经济，中国共产党和人民政府本着全心全意为人民服务的宗旨，重视群众来信来访，为群众排忧解难。来信来访的日益增多，国家领导人不可能全部亲自处理。如何快速有效地处理群众来信来访被提到国家的议事日程上来，毛泽东于 1951 年 5 月 16 日作出“必须重视人民的通信”的重要批示，信访工作迅速全面展开。

一、持续上升的来信来访

新中国成立之初，信访活动空前活跃，各级党政机关受理的来信来访数量大增，呈持续上升趋势，反映了过渡时期的经济关系、政治关系和社会关系。

中共中央办公厅 1949 年受理来信 4457 件，来访 4 起；1950 年受理来信 26219 件，来访 260 起；1951 年受理来信 346865 件。

此外收到给毛泽东的来信700件。1951年，“三反”“五反”①运动开始以后，人民群众的信访活动更加活跃，来信来访数量显著增加，且增长的幅度较大。这一时期，开始出现了集体访的苗头，并且规模呈扩大趋势。地方各级政府也同样出现信访量增长，如北京市1954年受理来信来访12万余件次；上海市、区两级1952年1—8月收到人民来信30.4万多件，还不包括“五反”的检举材料；重庆市1952年上半年收到人民来信35万余件；天津市各领导机关所受理的群众来信较以前增加三四倍，多者达七倍。② 人民群众在信访活动中表现出极大的政治热情，数以万计的批评建议和揭发控告信投向各级党政部门，有揭发不法奸商坑民害民的，有检举暗藏反革命分子的，有反映干部官僚主义的，有批评挥霍浪费的，有对各方面工作提出意见和建议的。

到了20世纪50年代中期，随着社会主义改造和工业化发展的加快，各种社会矛盾大量出现，通过信访的方式反映出来。从1956年下半年起，信访量成倍增加，而且来访量的增加大于来信。据国务院秘书厅、全国总工会等部门统计，1956年10月到1957年4月，10人以上的集体访达到70余起，其中9起是50人以上，最多一起有200多人，形成了新中国成立后的第一次全国信访高峰。当年中共中央办公厅受理来信155171件，接待来访6791人次；国务院秘书厅受理信访127559件次。1949—1957年，政务院（国务院）受理信访情况统计正反映了这一情势，见下图：

① “三反”运动指在国家机关、部队和国营企事业单位开展的反贪污、反浪费、反官僚主义的斗争。“五反”运动是指在资本主义工商业者中开展的反行贿、反偷税漏税、反盗骗国家财产、反偷工减料、反盗窃国家经济情报的运动。

② 《天津通志·信访志》，天津社会科学院出版社1997年版，第4页。

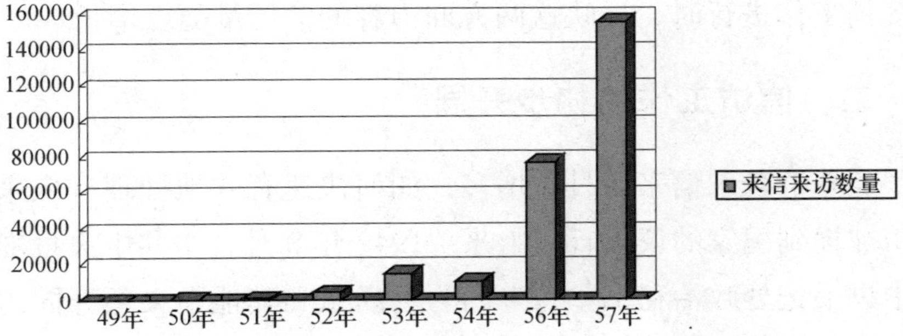

政务院（国务院）受理信访情况统计（1949—1957 年）①

信访内容的变化，与当时党的中心工作和各项政策法令及生产形势相关，即使反映个人问题，也或多或少和这些内容有关。新中国成立初期，全国失业工人、知识分子达数百万，根据政务院秘书厅统计，涉及城市失业问题的来信占总数的 15%。②

1951 年 4 月 30 日，中共中央办公厅秘书室就当年 1 月至 3 月处理群众来信的情况向毛泽东报告：1 月来信 4680 封，2 月 3544 封，3 月 11436 封，3 个月总共来信 19660 封。这些来信反映的问题，以有关抗美援朝、土地改革和镇压反革命三大问题为最多。③ 1952 年“三反”“五反”运动时，控告各机关干部贪污和资本家申诉不服处分的来信来访很多；劳动就业的决定公布后，群众要求就业的来信来访比以前有一定程度的增加；1953 年进行新“三反”运动，检举、控告各级机关干部的官僚主义、命令主义和违法乱纪的来信来访也有较大幅度增加；1954 年普选和粮食统

① 数据来源：刁杰成《人民信访史略》，北京经济学院出版社 1996 年版，第 23、54、75 页数据绘制。数据为不完全统计，1949 年 10—12 月，1954 年 1—6 月，1955 年缺，1957 年 1—9 月，其他年份均为全年数据。

② 中共中央办公厅信访局、国务院办公厅信访局编：《中国信访写真》，中国工人出版社 1998 年版，第 26 页。

③ 中共中央文献研究室编：《建国以来重要文献选编》第二册，中央文献出版社 1992 年版，第 266—267 页。

购统销工作进行时，反映这两方面内容的信访量随之增长。

二、信访工作的初步开展

随着群众来信来访日益增多，如何快速有效地处理群众来信来访被提到国家的议事日程上来。1949 年 8 月，中共中央批准成立中央书记处政治秘书室，专门为毛泽东和其他中央领导同志处理信访工作。1950 年初，中共中央决定撤销中共中央书记处政治秘书室，成立中共中央办公厅秘书室，一项主要任务就是负责处理群众写给毛泽东等中央领导同志的信件。群众写给政府的信件由中央人民政府委员会办公厅、政务院秘书厅和总理办公室三个部门处理。大量的来信来访汇集到各级各部门来，如何处理人民来信来访问题，亟待明确指导方针、基本原则、处理方法和工作要求，为此，中央作出了一系列重要指示。

1950 年 11 月 29 日，中共中央办公厅秘书室就处理群众来信的情况给毛泽东写了一份报告。毛泽东次日即以中央名义将报告批转各中央局、分局，并转所属大市委、省委、区党委：我们同意报告中所提意见，请你们对群众来信认真负责，加以处理，满足群众的要求。对此问题采取忽视态度的机关和个人，应改正此种不正确态度。① 这一报告和批示对当时及今后的信访工作组织制度建设具有重要的指导意义，从组织上解决谁来处理来信来访的问题，要求地方设立处理人民来信的机构，或指定专人负责；从制度上解决信访工作怎么做的问题，要求建立起相应的工作规范；从原则上解决处理信访的要求问题，要求认真负责处理群众来信，满足群众的要求。

---

① 《中共中央文件选集（一九四九年十月—一九六六年五月）》第 4 册，人民出版社 2013 年版，第 310 页。

1951 年 2 月 28 日，刘少奇在北京市第三届人民代表会议上的讲话中强调：各级人民政府和协商委员会要建立专门的有能力的机关来适当处理人民向政府所提出的每个要求，答复人民的来信，并用方便的办法接见人民。这样，使各级人民政府密切地联系人民，切实地为人民服务，而广大的人民也就可以经过各级人民代表会议和人民政府来管理自己的事务和国家的事务。① 1951 年 3 月，政务院秘书厅成立了“群众信件组”，所有的群众来信都由该组专门处理。在国家行政机构中，“群众信件组”是最早设立的专职信访机构。

1951 年 4 月 30 日，中共中央办公厅秘书室向毛泽东写了一份关于 1—3 月处理群众来信情况的报告，毛泽东于 5 月 16 日作了“必须重视人民的通信”的批示：

> 必须重视人民的通信，要给人民来信以恰当的处理，满足群众的正当要求，要把这件事看成是共产党和人民政府加强和人民联系的一种方法，不要采取掉以轻心置之不理的官僚主义态度。如果人民来信很多，本人处理困难，应设立适当人数的专门机关或专门的人，处理这些信件。如果来信不多，本人或秘书能够处理，则不要另设专人。②

这个批示发至县级以上机关党委、党组，这就是著名的“五一六”批示。这一批示成为信访工作制度化建设的开端，清楚地

① 《刘少奇选集》下卷，人民出版社 1985 年版，第 56 页。

② 中共中央文献研究室编：《建国以来重要文献选编》第二册，中央文献出版社 1992 年版，第 265 页。

表明党和国家建立信访制度的初衷和指导思想。信访工作的性质是党委、政府的“秘书型”工作，“加强和人民的联系”是信访制度的首要功能。信访制度的另一重要功能是监督党和政府，反对官僚主义，防止新生政权的腐败堕落。

6月7日，政务院正式颁发了《关于处理人民来信和接见人民工作的决定》，对当时迫切需要解决的五个问题作了明确规定，对处理群众来信来访的原则、机构设置都作出了相应的规定。这个仅有六条内容的简要“决定”，是新中国建立信访制度的第一个重要文献，一般被视为信访制度正式确立的起点。

7月19日，中国人民政治协商会议全国委员会第25次会议通过《关于处理人民意见的试行办法》，并于9月6日公布执行，要求各级政协委员会把接受与处理人民意见的工作，视为自己的“重要工作，并指定专人管理”。① 从规范性上看，这些信访工作规定都比较简短，基本上是原则规定，政务院的决定只有六条，全国政协的试行办法也只有七条，都没有分章节，没有分总则、分则、附则，没有明显的法言法语，因为当时强调的是实用性，而不注重形式。

此后，各地普遍开始加强信访工作，结合实际情况制定了一系列有关信访工作的指示、办法等规章，以法规等形式规范和完善信访工作制度。这些规定多是大行政区和省级的，地、县级较少，内容大多是手续制度方面的。1954年以后，行政区划和机构出现了变动，从中央到地方的信访形势发生了变化，信访数量和内容都和以前有所不同。至1957年，中央、省、地、县或制定新的规定，或针对专门问题制定专项规定，或对原有规定作出补

① 中央人民政府法制委员会编：《中央人民政府法令汇编》（1951年），法律出版社1982年版，第25页。

充、修订后重新颁发，或制定办理信访工作的办法。其中大部分在 1956 年制定，如《中共北京市委办公厅处理人民来信来访工作试行细则（草案）》《河北省人民委员会关于进一步加强处理人民来信和接见人民来访工作的指示》《山西省人民委员会关于处理人民来信来访催办检查的暂行规定》等。①

随着信访工作的重要性日渐突出，党政机关、企事业单位逐步设置并健全信访机构，增加专、兼职信访干部。据不完全统计，1951 年 7 月到 1954 年 6 月，中央人民政府各部委和中直机关有 12 个部门设立了接待室、人民信件组等专门机构，许多部门配备了专、兼职信访干部。许多大行政区、省、自治区和直辖市先后设置了处理人民来信来访的专门机构，配备了专职干部。1952 年以后，县级机关普遍建立信访机构，配备专、兼职信访干部。许多县还建立了县长、书记接见群众来访日制度，逐渐形成了“分级负责，归口办理”原则。1954 年 9 月，一届全国人大一次会议结束以后，全国人大常委会办公厅设置了人民接待室，作为专门处理人民来信来访的具体办事机构。

1957 年 5 月 28—31 日，中共中央办公厅和国务院秘书厅联合召开了处理人民来信、来访工作会议，即第一次全国信访工作会议。会议讨论了《中国共产党各级党委机关处理人民来信、接待群众来访工作暂行办法（草案）》以及国务院《关于加强处理人民来信和接待人民来访工作的指示（草案）》两个文件稿。这次会议设计了信访工作机构的基本框架和工作模式，一些原则和做法沿用至今。

到 1957 年初，铁道部、高等教育部、重工业部、商业部、

① 参见中共中央办公厅、国务院办公厅信访局编：《全国信访工作会议资料汇编》，1989 年印，第 50—66 页。

内务部、劳动部等50多个有接待来访任务的单位，先后成立了接待机构，配备了专、兼职信访干部近300人。这一时期各大行政区和省、自治区、直辖市以及地、县（市）绝大部分成立了信访机构，多数区、乡人民政府指定了专人兼管信访工作，许多大的企业也陆续开展了处理人民来信来访工作。这一时期，各地信访机构的名称根据自己的情况而定，如信件组、秘书科、问事处、人民接待室、群众服务组等。

新中国成立初期，经历了从依靠政策逐步过渡到不仅依靠政策，再到建立社会主义法制的过程。在立法方面，“不宜追求制定一些既不成熟又非急需的完备、细密的成套的法规，以致闭门造车”，而“应该按照当前的中心任务和人民急需解决的问题，根据可能与必要，把成熟的经验定型化，由通报典型经验并综合各地经验逐步形成制度和法律条文，逐步地由简而繁，由通则而细则，由单行法规而形成整套的刑法、民法”。① 这一时期信访工作的制度建设就是把实践中成熟的信访经验定型化，综合各地经验逐步形成各种规章制度。

三、信访工作机制的形成

根据毛泽东20世纪50年代初对信访报告的4次批示②、政务院《关于处理人民来信和接见人民工作的决定》（1951年）、中国人民政治协商会议全国委员会暨省、市协商委员会《关于处理人民意见的试行办法》（1951年）和《中国共产党各级党委机

① 《彭真文选（一九四一——一九九〇年）》，人民出版社1991年版，第213页。

② 1950年11月29日和1951年5月16日批转中央办公厅秘书室信访工作情况报告、1951年11月5日批转中央办公厅《关于北京各中央机关接见群众工作的问题向中央的报告》、1953年5月批转中央办公厅《中央机关接见群众工作的问题向中央的报告》。

关处理人民来信、接待群众来访工作暂行办法（草案）》（1957年）以及国务院《关于加强处理人民来信和接待人民来访工作的指示（草案）》（1957 年）等政策条例，确立起处理信访问题的最初原则，各部门信访工作人员结合实际工作，探讨信访运行规律，规范信访处理方式，信访工作机制逐步形成。

（一）规范办信程序

1950 年 10 月 30 日，毛泽东批复同意中共中央办公厅秘书室报告，报告指出“建立起登记、研究、转办、检查、留案等必要的制度，我们以为这是今后能把这个工作做得更认真周到的关键所在”。① 1951 年 2 月，河北省规定：各级政府在门前设立群众问事处，配备有力的干部，建立工作手续和交办回报制度、催办制度等。②

根据《关于处理人民来信和接见人民工作的决定》第 5 条“对于处理人民来信和接见人民的工作，应建立登记、研究、转办、检查、催办、存档等各项制度，并定期总结”的规定，地方政府按照实际情况制定信访工作的规范和政策，完善了信访的程序和制度。如《中共北京市委办公厅处理人民来信来访工作试行细则（草案）》第 3 节“处理人民来信和接见人民来访的程序”的第 7 条至第 15 条详细规定了处理信访的程序，包括收文、登记；拟办；催办；审查回报；答复来信人；立卷和归档；接见人民来访；重要案件排队，分级处理；编写简报等程序。中共中央办公厅、政务院秘书厅对办理信访工作程序是非常重视的，经过几年实践，总结出较为科学的程序。政务院秘书厅根据来信内容

① 《中共中央文件选集（一九四九年十月——一九六六年五月）》第 4 册，人民出版社 2013 年版，第 313 页。

② 《关于处理个别群众问题的决定》，载《河北政报》1952 年第 14 期。

的不同，采取不同的办信程序，即：分别处理、综合反映、检查催办、定期总结。

（二）分级负责、归口办理

“分级负责、归口办理”是指根据信访人来信来访反映的信访内容，实行按级、按系统分工负责处理。田家英最早把群众来信按内容分门别类，如分为“反映”“求决”“建议”“致敬”“旧谊”等，并且按轻重缓急依次处理。这是最早的分类，办事人员按类分工负责。①

《关于处理人民来信和接见人民工作的决定》第2条作了相应的规定：凡是本机关能够办理的，必须及时办理。需要转交下级机关或其他有关部门办理的，应及时转送，并检查催办。如系上级机关交办者，应及时办理，并于办理后将结果及时回报；若有特殊情况不能及时处理，亦应告知来信本人及原交办机关。1954年，国务院设立8个办公室，每个办公室分管不同的部门，如第一办公室（政法办）负责分管内务部、公安部、司法部、监察部和民族事务委员会。这些办公室简称“办”，其管辖范围或系统多简称“口”，如“农林口”“政法口”等。政务院对有关部委按业务性质归口管理、统一领导、统筹全局，“归口管理”很快运用到信访工作中来。到1954年，“分级负责，归口办理”已逐渐成熟。

1951年7月至1954年6月，政务院秘书厅“归口”中央业务部门办理的来信共11136件，占来信总数的34.5%，“分级”转地方政府办理的9285件，占28.8%。② 1957年国务院《关于

---

① 董边等编：《毛泽东与他的秘书田家英》（增订本），中央文献出版社1996年版，第34页。

② 刁杰成：《人民信访史略》，北京经济学院出版社1996年版，第59页。

加强处理人民来信和接待人民来访工作的指示（草案）》颁布，要求“对于群众提出的大量的各种各样的问题，则必须分别归口交办”，在文件中正式提出“归口交办”的原则。国务院秘书厅先后制定了《关于处理人民来信、来访工作归口交办事项的一些规定》和《对中央机关人民来信、来访归口办理的几点补充意见》，对“归口办理”作了具体规定。

（三）领导重视，专人负责，大家动手

信访制度设立的初衷是为领导与群众之间的联系建立一种制度保障。信访制度创设之初，毛泽东就强调各级领导要高度重视信访工作，在他看来，“不仅中央要重视信访工作，而且各级党政组织也要当作一件大事列上议事日程”①。

《关于处理人民来信和接见人民工作的决定》规定：县（市）以上各级人民政府，均须责成一定部门，在原编制内指定专人，负责处理人民来信，接见人民群众，并要求领导人应“经常地进行检查和指导”。1957 年第一次全国信访工作会议着重解决的两个问题之一，就是解决领导重视的问题。会议讨论通过的国务院《关于加强处理人民来信和接待人民来访工作的指示（草案）》第 1 条、第 3 条对“领导重视”作了具体规定，并把“全党重视，大家动手”的指导思想落到实处。

为了使领导接见来访群众更有成效，国务院秘书厅制定了《国务院秘书厅处级以上领导同志接见群众的制度》《接见来访群众工作细则简单介绍》。江西、河南、河北、山东、青海等省较早建立了省长接见日制度，省长、副省长除阅批人民来信外，还定期接见来访群众。一些地方创立了市长、县长定期接见人民

① 中共中央办公厅信访局、国务院办公厅信访局编：《中国信访写真》，中国工人出版社 1998 年版，第 6 页。

代表制度。1953 年 10 月，河南南阳地区及淅川、镇平两县先后建立了专员、县长接待日。群众反映："现在的政府真好，专员、县长都亲自接见我们，并给我们解决问题，要是在旧社会，啥法能见到专员和县长。"①

（四）维护信访秩序，保护信访人正当权利

随着信访制度的建立，信访工作迅速被广大民众认同和接受。《关于处理人民来信和接见人民工作的决定》鼓励人民群众监督自己的政府和工作人员，对于"人民的来信或要求见面谈话，均应热情接待，负责处理"；并对信访人的权利加以保护，"严禁被控机关或人员采取报复行为；如有报复者，应予以处分，情节严重者并应送司法机关依法惩处"。中央多次召开信访会议，专门研究信访中出现的问题，确保信访活动的顺利进行。1953 年 8 月，中共中央办公厅、政务院秘书厅召开中央机关接见群众来访工作会议；1955 年初，国务院秘书厅召开河北、山东、辽宁、北京、沈阳的三省二市信访工作汇报会；1955 年 3 月，国务院秘书厅召开有十个部局参加的中央机关信访工作座谈会；1954 年 6 月，董必武主持政务院第 219 次政务会议，总结《关于处理人民来信和接见人民工作的决定》颁布三年来中央政府机关的信访工作。

《人民日报》连续发表社论，阐述了人民来信来访工作在国家政治生活中的重要地位和作用，严肃批评少数干部对揭发他们错误的人打击报复的行为。国务院《关于加强处理人民来信和接待人民来访工作的指示（草案）》指出：人民群众通过向政府机关写信和要求见面接谈，"是人民的一种民主权利，是人民监督政府工作的一种方法"，国家机关"一定要保护人民的这种民主

① 南阳地区信访办公室编：《南阳地区信访志》（1988 年印），第 106—107 页。

权利，倾听人民的意见，接受人民的监督”。① 文件中第一次明确将信访看作是群众的民主权利。

信访工作顺利开展的同时，也出现了一些问题。从 1951 年开始，赴京上访的数量开始增多，到 1957 年形成了新中国成立后的第一次信访高峰。来访人的食宿路费需要有关部门解决，少数“无理取闹”的上访人以及“患精神病”的来访人，长期滞留北京，扰乱正常信访秩序。为了保障信访工作的顺利开展，1953 年 9 月，中共中央办公厅、政务院秘书厅召开中央机关接见群众来访工作会议，会议重点分析来访问题，明确了对一些问题的处理办法，明确来访人无论有理还是无理，都不得取闹。11 月 5 日，中共中央印发中央办公厅《关于北京各中央机关接见群众工作问题向中央的报告》，提出了 5 条处理原则，即：群众的正当要求应负责解决；凡不能解决的问题，应耐心解释；中央专管部门已经解决了的问题，如无原则错误一般应当维护原议；对无理取闹者，要分别处理；对来京上访人的招待、路费等问题，应有统一处理原则。

为了维护来访人的合法权益，解决接待工作中比较突出的、共同性的问题，在调查研究的基础上，有关信访部门分别制定了某些专门问题的处理办法。这些办法的草稿写好后，国务院秘书厅多次召集会议，进行讨论、修改。1957 年 5 月 1 日，国务院秘书厅印发各单位试行，经第一次全国信访工作会议讨论后，正式印发各机关执行，对处理来访问题起了规范和促进作用。这些文件是：内务部、北京市民政局《关于解决来访群众食、宿、路费的暂行办法》；国务院秘书厅、最高人民检察院、北京市公安局

① 中共中央办公厅、国务院办公厅信访局编：《全国信访工作会议资料汇编》，1989 年印，第 35 页。

《关于中央机关、北京市机关接待群众来访中处理无理取闹分子的暂行办法》；铁道部《关于防止来访人骗卖车票的暂行办法》等。同时，对若干制度安排进行了适当的调整，如将接访地点从新华门迁至国务院西门，最后又迁至陶然亭附近；① 对上访人员食宿交通的补助，先是降低，最后取消。

四、迅速创建的原因分析

新中国成立之初，信访制度就迅速创建。毛泽东说："世界上的事情是复杂的，是由各方面的因素决定的。看问题要从各方面去看，不能只从单方面看。"② 信访制度既是中国特色的产物，也是中国特色的反映，信访和其他社会现象一样，有它产生、发展所依赖的社会历史条件。

（一）政治基础：群众路线

信访工作本质上是群众工作，建立信访制度是党的群众路线发展的必然结果。中国共产党的根本宗旨是全心全意为人民服务。中国共产党创造和发展起来的"相信群众，依靠群众，从群众中来，到群众中去"的群众路线，是其根本工作路线、优良传统和政治优势。毛泽东指出："我们共产党人区别于其他任何一个政党的又一个显著标志，就是和最广大的人民群众取得最密切的联系。"③

在战争年代，中国共产党正是很好地坚持了群众路线，才取得了革命的胜利。中国共产党执政以后，很自然地把群众路线的领导

---

① 中国行政管理学会信访分会编：《在光荣的信访岗位上》，中国民主法制出版社 1999 年版，第 12 页。

② 《毛泽东选集》第四卷，人民出版社 1991 年版，第 1157 页。

③ 《毛泽东选集》第三卷，人民出版社 1991 年版，第 1094—1095 页。

方法和工作方法贯彻到治国理政之中。为了广开言路，动员群众，充分调动群众参与政治治理的积极性，新中国在制度建设方面做了创造性的设计：常规的人民代表大会和政治协商会议制度；非常规的和补充性的制度，如人民信访制度。信访制度是党和政府密切联系人民的一种制度化形式和纽带。一方面，群众通过信访活动反映自己的要求，提出意见和建议；另一方面，党和政府把群众的意见、建议、要求汇集起来，这既是对以前政策的检验，同时也为将来的决策提供依据，更好地实现人民群众的利益。

人民来信来访是党与政府联系群众的主要纽带之一，这个纽带只能加强不能削弱，“处理人民来信是共产党和人民政府联系群众的一种重要方法，不是临时的突击任务”。① 信访制度是贯彻和实践群众路线的具体体现，是党的群众路线具体内容在新的历史条件下的制度化，信访制度的实施使党和政府在新的历史时期拥有更为广泛的牢固的群众基础。

（二）理论依据：正确处理人民内部矛盾

作为“加强和人民联系的一种方法”的信访并不是赋予全体国民的权利，而是只限于“人民”才能享受。各级人民政府是人民自己的政府，各级人民政府的工作人员是人民的勤务员，对于人民的来信或要求见面谈话均应“热情接待，负责处理”。1951年政务院《关于处理人民来信和接见人民工作的决定》对“人民”和“敌人”作出明确区分，否定敌人的信访主体资格，其第2条规定，对人民所提出的意见和问题，凡本机关能办理的，必须及时办理，但对于反动分子借人民名义向政府提出的带有挑拨性或试探性的问题则不要答复。②

① 《人民日报》社论，1953年11月2日。

② 《建国以来毛泽东文稿》第2册，中央文献出版社2011年版，第289—290页。

新中国成立后，中国共产党面临多方面的问题和挑战。中国人民与帝国主义、封建主义和官僚资本主义残余势力的矛盾是这一时期中国社会的主要矛盾，资产阶级仍然是团结和争取的对象。到1952年底，党领导人民巩固了人民民主专政的国家政权，恢复和发展了国民经济，基本解决了新中国建立初期的主要矛盾，无产阶级同资产阶级之间的矛盾成为社会主要矛盾。1956年4月，毛泽东发表《论十大关系》讲话，初步总结了中国社会主义建设的经验，提出了探索适合中国国情的社会主义建设道路的任务。1956年9月召开的党的八大对“三大改造”基本完成后中国社会的主要矛盾和根本任务作了正确揭示和规定：国内的主要矛盾已经是人民对于建立先进的工业国的要求同落后的农业国的现实之间的矛盾和人民对于经济文化迅速发展的需要同当前经济文化不能满足人民需要的状况之间的矛盾；主要任务是要集中力量来解决这个矛盾，把我国尽快地从落后的农业国变为先进的工业国。1957年2月27日，毛泽东在最高国务会议第十一次（扩大）会议上的讲话，比较系统地提出了“正确处理人民内部矛盾”的重要思想。6月19日，《人民日报》发表经毛泽东补充和修改的《关于正确处理人民内部矛盾的问题》讲话，系统地论述了社会主义社会的矛盾学说，提出必须正确区分和处理社会主义社会两类不同性质的社会矛盾，把正确处理人民内部矛盾作为国家政治生活的主题，详细阐明了处理人民内部矛盾的一系列方针和政策。

正确处理人民内部矛盾作为国家政治生活的重要主题，是一个重要理论和实践创新，信访成为处理人民内部矛盾的一种重要政治制度安排，对保证社会的稳定和发展发挥了重要的作用。1957年国务院颁发的《关于加强处理人民来信和接待人民来访工作的指示（草案）》指出，根据来信来访情况正确处理人民内部矛盾，及时解决当前工作中的一些突出的问题，对于群众提出的“不论是合理的要求，或者是不合理的要求，都应该认真负责处理，不得简单从事”，但对于“假借人民来信、来访名义，进行无理取闹的坏分子、诈骗犯”，应该根据情节轻重，分别进行批评、教育或者联系有关部门作适当的处理。

这一时期，“人民”概念的使用既与当时多种所有制经济并存，又要逐步过渡到与社会主义经济制度相适应，与争取团结小资产阶级、民族资产阶级及一切爱国人士、进步人士的政治需要相适应。① 新中国成立初期，新生的革命政权面临着各种困难和压力，需要通过信访的方式补充民主管理机制的不足。与其他的法律制度一样，作为一种政治动员和矛盾解决方式的信访也受到人民内部矛盾理论的深刻影响并被整合到这一宏观目标实现的系统中来。

（三）现实需求：反对官僚主义

在新中国成立初期，国家领导人就十分警惕党员干部的腐败和官僚化问题，并特别注意对党员干部的监督，防止其腐败堕落、脱离群众。信访制度是党发动人民群众监督地方基层干部的有效手段和途径。在七届二中全会上，毛泽东曾告诫全党“务必使同志们继续地保持谦虚、谨慎、不骄、不躁的作风，务必使同志们继续地保持艰苦奋斗的作风”，防止官僚主义的产生和“资产阶级裹着糖衣的炮弹”的袭击。

人民来信来访是克服官僚主义必不可少的武器。1953 年，中央要求各级机关把整党建党与处理人民来信结合起来，1 月 5 日，毛泽东针对一些机关大量积压人民来信的情况，写了题为《反对

---

① 张恩玺：《大变革大发展时代的人民信访》，人民出版社 2012 年版，第 68 页。

官僚主义、命令主义和违法乱纪》的党内指示，对官僚主义进行了有力的批判，明确地指出“从处理人民来信入手，检查一次官僚主义、命令主义和违法乱纪分子的情况，并向他们展开坚决的斗争”。①

1951 年，在镇压反革命和“三反”运动期间，山西崞县赶车工人张顺有为检举反革命分子宋郁德，奔走于绥远、山西、察哈尔 3 个省份、27 个机关，耗时半年，行程一万五千多里，到处受到官僚主义者的重重阻难。各地报纸为进一步贯彻中共中央《关于在报纸刊物上展开批评和自我批评的决定》及中央人民政府政务院《关于处理人民来信和接见人民工作的决定》，从“张顺有事件”发生以来，即在不同程度上向漠视人民意见的官僚主义作风和损害人民利益的违法乱纪现象展开批评和斗争。《人民日报》也发表了一系列社论批判官僚主义，鼓励人民信访，强调信访工作是重要的反官僚主义的武器，是自下而上监督的手段。②

来信来访中，反映了某些地区对党和政府的政策法令的贯彻执行情况。这些情况有助于中央领导机关、领导同志直接了解群众的要求和意见，并成为指导工作、制定政策的依据。例如解放初期实行减轻大专院校课程负担，改善学生生活，开展反对官僚主义、命令主义和违法乱纪的斗争（即“新三反”）以及其他重要政策，都是根据人民来信反映的意见和建议制定的。据不完全统计，从 1951 年 7 月到 1954 年 6 月这三年中，中共中央、政务院、中央有关部门根据人民来信或参考人民来信制定了 13 项政策，如《关于废除招考工作人员及学员时不收孕妇规定的通知》

---

① 《毛泽东选集》第 5 卷，人民出版社 1977 年版，第 72—74 页。

② 《认真处理人民群众来信 大胆揭发官僚主义罪恶》（1953 年 1 月 19 日）、《压制批评的人是党的死敌》（1953 年 1 月 23 日）、《把处理人民来信工作向前推进一步》（1953 年 11 月 2 日）。

《劝止农民盲目流入城镇的指示》《关于解决工资制工作人员多子女困难问题的通知》《应立即在学校中停止反官僚主义、反命令主义、反违法乱纪斗争的几项指示》《关于适当解决小学、幼稚园教职工福利的几项原则规定》等。

新中国成立之初，蓝图初绘，创业维艰，面对政权建设和经济建设中存在的新老问题，面对党内出现的官僚主义现象，共和国政权迅速创建了人民信访制度。信访工作制度刚刚建立，就发挥出“很大的好处”：可以“经常地同成千上万的群众建立联系”，可以“正确处理人民内部矛盾”，能够帮助“领导机关随时发现问题，克服官僚主义，改进工作”。1957 年 6 月 26 日，周恩来在一届全国人大四次会议的政府工作报告中指出：“我国公民经常通过人民代表、监察机关、人民团体、报纸刊物对政府各方面的工作提出批评和建议，也常常直接用来信来访的形式向各级领导机关申述意见。我们的国家机关正是通过这些办法，经常听取群众的意见来改进自己的工作。”信访成了“最方便、最自由、最经济而又直接”① 的方式，极大地调动了群众的政治热情，团结和凝聚了各界力量，推进了各项事业的顺利进行。

初创阶段的信访制度，虽然受到毛泽东等党和国家领导人的高度重视，但组织机构、制度安排和运行机制尚不健全，并且对信访工作的认识及各地对此项工作的重视程度和办理情况亦参差不齐。这一时期，国家政治体制构架变化很大，随着 1954 年宪法的颁布、人民代表大会制度的形成以及中央与地方关系的重大调整，其中一些机关或不复存在，或职能转变，或发生其他变

① 《认真处理人民群众来信 大胆揭发官僚主义罪恶》，载《人民日报》1953 年 1 月 19 日。

化，有关信访工作的机构设置和相关制度也必须作相应调整以与之相适应。信访制度建立健全和工作规定的贯彻落实不是朝夕之功，而是需要一个长期的不断完善的过程，需要付出长期的艰苦努力。

第二章　信访工作的艰辛探索（1957—1966 年）

在基本完成生产资料私有制的社会主义改造后，社会主义制度得以确立，激发了中国人民建设一个理想社会的美好愿景。为了尽快实现国家现代化，中国共产党带领全国人民不断地探索，开创了一条适合中国国情的社会主义建设道路。在如何建设社会主义这一崭新的历史课题面前，中国人民不断地纠正探索新路中的失误，虽然遭受了严重挫折但仍然取得重大成就，信访制度也在探索中继续发展。信访活动的变化导致了信访制度的调整和变迁，1963 年，中共中央、国务院下发《关于加强人民来信来访工作的通知》，国务院秘书厅整理颁布、各地试行《国家机关处理人民来信和接待来访工作条例》，推动了人民信访制度建设的发展。

一、来信来访的大幅度下降

1957 年新中国历史上出现了第一个信访高潮，此后，信访数量持续下降。从 1961 年起，信访数量又开始逐渐回升，信访活动的变化导致了信访制度的调整和变迁。

1957 年第一次全国信访工作会议后，国家政治形势发生剧烈变化，政治运动在全国普遍展开，信访形势也发生了较大的变化。自 1957 年下半年开始，中央、省（自治区、直辖市）、地

（市）、县及其所属部门受理的来信来访数量普遍大幅度下降，信访数量逐年皆有较大幅度下降，一直延续到1961年初中央机关信访工作会议的召开。根据对国务院秘书厅、全国人大常委会、最高人民法院、公安部、商业部、邮电部、教育部、卫生部、劳动部、农业部、国家民委、内务部、国家经济委员会和中央监察委员会等14个中央党政机关信访量统计：1958年较1957年减少122554件次，下降36.2%；1959年较1958年减少49041件次，下降22.7%，较1957年减少171595件次，下降50.6%；1960年较1959年减少57988件次，下降34.7%，较1957年减少229583件次，下降67.8%。四年中来信来访数量逐年下降，除1959年下降幅度较小外，其余年份下降的幅度都较大。下图是中共中央办公厅、国务院秘书厅、全国人大常委会、最高人民法院1957—1960年的信访数量统计，从图中可以看出信访数量明显呈下降趋势。

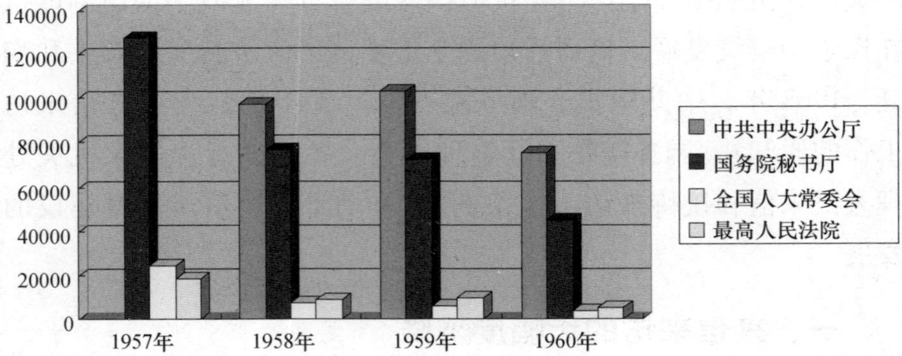

1957—1960年信访数量统计（件次）①

同时，信访内容也有很大的变化。根据部分中央机关和省、自治区、直辖市的分类统计，以1959年为界，分两个阶段，前

① 数据来源：刁杰成《人民信访史略》，北京经济学院出版社1996年版，第117—118页。

一阶段总的趋势是：要求解决个人问题的减少，反映集体问题的增多；要求解决生活困难问题的减少，反映政策性问题的增多；控告、申诉问题的减少，发明、创造、建议的增多。后一阶段：反映干部作风问题的增多，要求解决个人问题和缺粮问题的大幅度增长。实际上，许多反映个人问题的来信来访，也都是带有集体性和政策性的问题。这一时期，来信中匿名信增多。国务院秘书厅 1957—1960 年四年中受理匿名信（不包括署假名）分别占来信总数的 4. 29%、5. 63%、7. 29%、9. 26%。①

造成这种局面的主要原因是政治生活中一些非常态的因素。社会主义改造基本完成后，中国突破苏联模式，探索用计划经济体制加群众运动的方法来进行社会主义建设。为解决推进社会主义改造和经济建设过程中出现的新问题，中共中央和毛泽东认为，能不能正确处理人民内部矛盾问题是新形势下社会主义建设顺利向前推进的关键。在这一理论指导下，中共中央发动了以正确处理人民内部矛盾为主题的全党整风运动。1957 年整风运动在全党开展，极少数右派分子乘机鼓吹所谓“大鸣大放”，妄图取代共产党的领导，改变国家的性质，对这种进攻进行坚决反击是完全正确和必要的。但是反右派斗争被严重扩大化了，随着“左”倾错误的日益发展，对社会主义社会主要矛盾的认识越来越偏离党的八大提出的正确判断。

反右派斗争扩大化，以及随后的“大跃进”等政治运动造成干群关系、党群关系急剧紧张。群众来信来访中关于个人问题的申诉急剧增加，干部打击报复群众信访的现象越来越严重，全国信访形势发生新的重大的变化。在 1959 年末到 1960 年初“共产风”“浮夸风”盛行的政治生态下，为了隐瞒“大跃进”中出现

① 刁杰成：《人民信访史略》，北京经济学院出版社 1996 年版，第 119 页。

的严重问题，一些干部对积极反映当地问题的信件采取扣押、拆阅、涂改，甚至打击报复等不正当做法。尤其反右派斗争扩大化和“反右倾”斗争，使得许多人不愿意、不敢再写信反映问题，有不少信访干部被打成“右派”“右倾”，严重影响了信访工作。在“反右倾”运动的冲击下，许多人不敢讲真话，党内的民主气氛压抑。反映在信访中的问题：一是混淆了人民内部矛盾和敌我矛盾，把人民群众积极反映问题错误地当成坏人的破坏活动。二是一些领导机关的负责人公开到邮局非法检查扣压人民来信，追查处理写信人。河南省某县委第一书记派人在10个公社和部分机关、学校扣留平信、挂号信、保价信11000余件。甘肃省高台县从1959年12月到1960年3月就检查和扣压了群众写给党中央、毛泽东和中共甘肃省委的来信12000多件。三是有些干部对检举揭发自己错误的职工群众借机进行打击报复和迫害，至于不重视信访工作，漠视群众疾苦的现象，更是普遍存在。在当时的历史条件下，匿名信大量增加：一是来信人怕挨整，尤其是基层群众，怕遭到打击报复，这是多数；二是怕反映不实，或不准确，不敢署名。因此，许多人写信署假名或匿名，如署“一党员”“知情者”等。

指导思想上的“左”倾错误严重影响了信访工作的正常进行，严重挫伤了群众来信来访的积极性。三年困难时期，许多人面临饥饿甚至死亡，求取生存成为第一需求，多数人无力也不愿写信上访。即使整风运动的转向也未从根本上削弱和抑制党内的官僚主义，对信访案件的扣压拖延，甚至对信访人的打击报复相当严重。

二、信访制度的调整与变迁

这一时期，“左”的错误已波及很多方面，人民群众的来信来访显著减少，信访工作也出现了严重滑坡的局面。1958年11

月，河南省长葛县坡胡人民公社的一名社员给毛泽东写信，反映乡村干部打人骂人现象严重。毛泽东指出："这种情况，肯定只是少数乡村有，可能不到百分之几的乡村，但是仍然要注意，要加以调查研究，作出处理，通报全省，引起注意。如能在省报公开揭露，则更好。但要分析原因，讲清道理，不要以使人害怕的态度去公布和处理。处理要细致。"①

1961 年 1 月 27 日，刘少奇在同中共中央办公厅副主任龚子荣等谈来信来访工作时指出：②

> 群众来信应当分配给政治局和书记处的同志看，对于群众来信中关系到多数人的问题，带有一般性、普遍性，就应当从政策上考虑，党委要做出决定，有些甚至中央要做出决定。无论对什么信，甚至反革命信，不能任何一级机关都可以检查、扣留、追究。信写到哪一级，只能哪一级拆看。下面发生打击报复写信人的现象，是因为上面不负责任，层层照转，转到被告手里，对人民来信这样处理，是要死人的，这是人命关天的事。要立即改变这种做法。办信人员，要学包文正，③抓住典型，一追到底。

1961 年 2 月 8 日，中央机关信访工作会议召开，检查、总结 1957 年以来的信访工作情况和问题，传达了刘少奇的指示：人民

---

① 《建国以来毛泽东文稿》第 7 册，中央文献出版社 1992 年版，第 594—595 页。

② 中共中央文献研究室编：《刘少奇年谱（一八九八——一九六九）》下卷，中央文献出版社 1996 年版，第 503 页。

③ 包文正，即包拯，字希仁，北宋庐州合肥人，为官清廉，执法严正，不畏权贵，深得百姓称赞。

来信很重要；对于来信要分类分析，区别情况进行处理；这次中央研究和发文的重点可以放在防止打击报复上。2月10日，国务院副总理兼秘书长习仲勋在总结报告中强调：对人民来信要有正确看法，扣压群众来信是割断群众和党政机关的联系，封锁中央；并要求今后的做法“首先要建立和健全制度。信访工作要经常抓，要有汇报制度”。5月19日，中共中央办公厅、国务院秘书厅给周恩来总理并中央写了《关于人民来信来访工作的情况和改进意见的报告》，总结了第一次全国信访工作会议后的来信来访内容及所占比例、处理方法、取得的成绩和存在的问题，并提出了三点改进意见：保护人民民主权利，坚决反对对来信来访人进行打击迫害；加强领导，健全信访机构和制度；加强调查研究，及时反映情况。

鉴于信访形势的变化和工作中存在的突出问题，国务院秘书厅把各地的经验加以提炼，并结合自己实践中的体会，提出了“为群众服务，为领导服务，为中心工作服务”的“三服务”观点。同时，又提出在处理信访案件时，必须贯彻“三个观点”，即群众观点、政策观点、阶级观点。① 中央领导的重视和信访部门的努力，推动了信访工作的发展创新，使信访工作既为群众解决具体问题，又为推动中心工作，为社会主义建设服务。

（一）信访工作的新方式

信访和政治生活中的中心事件紧密相关而又深受其影响，在“大跃进”年代，一切工作，包括信访工作，都是按“大跃进”的需要，按“大跃进”的精神进行的。当时，在工农业生产方面经常开展评比、竞赛、摆擂台、现场会、田头会等。这些形式被移

---

① 刁杰成：《人民信访史略》，北京经济学院出版社1996年版，第124—125页。

植到信访工作中来。在这种形势下，信访工作中提出了“人民接待工作是正确处理人民内部矛盾的一个重要方面，在贯彻执行总路线方面担负着光荣的任务”；同时开展了树先进、插红旗、力争上游的信访工作竞赛活动。在工作方法上提出了领导挂帅、专职负责、大家动手和及时处理、登门拜访检查处理效果的方法。

当时的信访工作出现的新方式有：（1）现场会。抓住好的、成功的信访工作经验，发挥典型经验的“引路”作用，召开现场会进行推广。较有典型意义的是 1960 年 6 月黑龙江省佳木斯市和 1959 年 12 月底山西省侯马市的两个现场会，通过生动活泼但又不无夸张的方式推广典型经验。（2）评比竞赛。经常的做法是划分几个竞赛区或战区相互比赛，比如黑龙江的“七比”：比领导重视、比经常有人负责、比手续制度健全、比为中心工作服务、比处理快、比质量高、比无积案；安徽提出的“比先进、赶先进、学先进”的“七比”红旗竞赛内容是：比领导重视、比干预和钻劲、比“多办少转”、比办信时效、比质量、比制度的健全和执行、比学习。（3）“试验田”。就是选择、培养信访工作做得好的单位，总结经验、树立样板、典型开路、加以推广，促使后进变先进，如山西阳城县在沁水、次营建立的信访工作“试验田”。（4）中央机关协作竞赛。1960 年 9 月，国务院秘书厅制定《关于建立国务院所属各部门人民来信来访工作协作组织的意见》，并成立国务院所属各部门来信来访工作协作组织，相互之间加强联系与督促，开展评比竞赛。

（二）规章制度的新创设

第一次全国信访工作会议后，信访形势发生了变化，来信来访反映了许多新问题，因中央机关一些机构和业务范围有所调整，处理来访问题的归口规定已不适应。为了适应这种变化，对新出现的共同性问题，必须制定新的规定，予以解决。

1958 年 12 月，国务院秘书厅在《1958 年中央和地方机关处理来信来访工作情况的综合整理报告》中提出需要解决以下两个带有共同性的问题：（1）统一解决中央机关来访者的食、宿、路费问题；（2）中央机关接待的来访"归口办理"方面问题。1960 年 5 月 16 日至 7 月 30 日，国务院秘书厅派人到江苏、上海等六省、市进行调查，了解各地的情况和要求。同年 8 月底至 9 月初，又派人到内务部、外交部、国防部、公安部、粮食部、商业部、一机部、建工部、铁道部、农垦部、教育部和侨委 12 个部门，系统全面地了解和分析信访情况。11 月 15 日，国务院秘书厅正式印发《关于中央各机关人民来访归口交办问题的几项暂行规定》，要求国务院各部、委和各直属机构"照此执行"。

1958 年到 1961 年，国家财政空前紧张和困难，许多群众同样生活困难。为了稳定首都的治安，解决确有困难的来访群众的食、宿、路费问题，让来京上访者尽快离开，国家有关部门印发了一系列文件，如劳动部、全国总工会《关于来访群众就业问题的归口、处理暂行办法》，内务部、北京市民政局《关于解决来访群众食、宿、路费的暂行办法》，国务院秘书厅、最高人民检察院、北京市公安局《关于中央机关、北京市机关接待群众来访中处理无理取闹分子的暂行办法》，铁道部《关于防止来访人骗卖车票的暂行办法》等。对确有困难的人提供食宿，发给路费，处理"无理取闹分子"，防止来访人骗卖车票等。对于确有劳动能力的来访群众，在自愿的基础上，组织他们参加劳动，自挣路费。内务部于 1958 年 8 月在卢沟桥建立了永定砂石厂，组织来访群众中有劳动能力而无路费还乡的人员参加劳动自挣路费。到 1960 年 9 月，接收了 4335 人次参加劳动自挣路费。在总结过去几年经验的基础上，内务部制定出一个统一的办法，国务院秘书厅转发中央各机关，一直实施到“文化大革命”开始。

（三）信访办理经验总结

第一次全国信访工作会议精神在全国贯彻、落实后，各地的信访工作均有较大的起色，尤其是在汇集信访信息方面创造了许多经验。中央各部门和省、自治区、直辖市将总结的经验报送国务院和党中央，有的省还将总结经验材料编印成册，发各地参考。

国务院秘书厅从上述材料中，选择不同类型的有价值的经验材料转发各地进行交流，仅1959年就转发了《黑龙江省委办公厅、省人委办公厅1958年至1959年人民来信来访工作规划（摘要）》《辽宁省新金县委托下乡干部处理人民来信的经验》《吉林省委办公厅和省人委办公厅关于处理人民来信来访如何配合中心、推动中心工作的几点体会》《河南省人民委员会人民接待室关于洛阳、开封等市人民委员会建立市长接见人民代表制度情况的报告》《中共安徽省委办公厅、安徽省人委办公厅1958年全省人民来信工作总结和1959年全省人民来信工作任务》《山西省人民委员会人民接待室关于1959年上半年处理人民来信来访工作情况和今后意见的报告》等。1960年转发的有《教育部办公厅如何做信访工作》《高教部办公厅处理来信来访工作的体会》《辽宁省营口县占五公社主动为群众解决问题减少群众写信走访必要的麻烦》《黑龙江省肇东县领导干部定期到公社接见群众》《河北省交河县人民委员会开展人民来信来访工作的几点经验》等。这以后，国务院秘书厅每年都要转发不少这方面的经验材料。这些经验多数是各级党政机关的，也有厂矿企业单位的。这些经验各有特点，但也有许多共同点，主要是：领导重视、制定合理的规划、提高自办率和结案率、加强综合研究、摸清信访工作规律。

这一时期的信访工作形势多变，其中有不少消极甚至错误的问题。即使在当时不正常的情况下，一些关系国计民生的重大问题仍然通过信访的途径得到了较好的解决。1959 年 4 月 12 日，周恩来将国务院秘书厅 4 月 6 日根据人民来信来访整理的《关于山东、江苏、河南、河北、安徽五省缺粮情况及处理办法》和 15 省春荒情况统计表送毛泽东等中央领导。4 月 17 日，毛泽东批复："在三日内，用飞机运到十五省委第一书记手里，请他们迅即处理，以救二千五百一十七万人的暂时（两个月）紧急危机。"并把文件题为"十五省二千五百一十七万人无饭可吃大问题"。4 月 18 日，周恩来派飞机送给 15 省省委第一书记，要求收到这两个文件后，迅即核实情况，采取措施，调运粮食，解决缺粮的危机。19 日，他又约在京出席全国人大会议的代表商谈解决 15 省春荒中的粮食问题。① 相关省迅速制定补救措施，中央政府也给予了及时的支持，使灾情得到缓解。

三、信访数量回升与内容变化

1961 年 1 月，中共八届九中全会正式决定对国民经济实行"调整、巩固、充实、提高"八字方针，争取财政经济状况的根本好转。在国民经济调整的同时，对社会各阶层关系也进行了调整，民主气氛活跃起来，信访量快速增长，来信来访内容也发生了新变化，反映了许多新问题。

1962 年 1—2 月，中共中央召开了一次空前规模的"七千人大会"。刘少奇代表中央作出书面报告，指出了"大跃进"运动以来的工作缺点和错误，强调"党和国家的一切机关，都应当密

---

① 《建国以来重要文献选编》第 12 册，中央文献出版社 1996 年版，第 185 页。

切联系群众，严肃地处理关系广大群众的利益问题，认真地对待人民群众的来信、来访”，更严厉指出“有的地方、有的单位，公然扣压群众来信，甚至追究反映真实情况的人，对他们实行打击报复，这是党的纪律和国家法律所绝对不能容许的。还有少数地方，使用对付阶级敌人和坏分子的专政工具，任意扣押、监禁群众，甚至对群众施行肉体上的处罚，这更是严重的犯罪行为”。①

1962 年 3 月 27 日，周恩来在二届全国人大三次会议的政府工作报告中，针对前几年有的地方出现的对人民来信来访工作不够重视，甚至破坏民主的情况，直接指出：“国务院有些部门，有些地方的人民政府，不重视人民群众经过来信、来访和其他方式提出的意见和批评，对人民群众的民主权利尊重不够。”他特别强调：“任何干部都不允许侵犯群众的利益，侵犯群众的民主权利。”② 之后，国务院和国务院秘书厅又连续发出通知、规定，出现了重视信访工作的好势头。随着党中央各项决定的传达贯彻，群众的来信来访大量增多，到 1963 年下半年形成高潮。

从 1961 年开始，信访数量逐年增多，1962 年较 1961 年增长 109%，以后几年来信来访数量一直有增无减。来信增长快，来访增加得更快。中央机关和省级机关来信来访增多，省属各部门和专区、县、市受理的来信来访数量也同样大幅度增长。1963 年，仅天津市委、市人民委员会两个办公厅就受理了近 3 万件，而且原来很少出现的集体访迅速增多。进京访的数量增加得更为迅猛，1963 年 1—9 月，天津市群众的进京访达到 608 件。1964 年 1—10 月，仅国务院接待室受理的天津市的进京访就有 900 多人次。③

---

① 《刘少奇选集》（下），人民出版社 1985 年版，第 401 页。

② 《建国以来重要文献选编》第十五册，中央文献出版社 1997 年版，第 306 页。

③ 《天津通志 · 信访志》，天津社会科学院出版社 1997 年版，第 6 页。

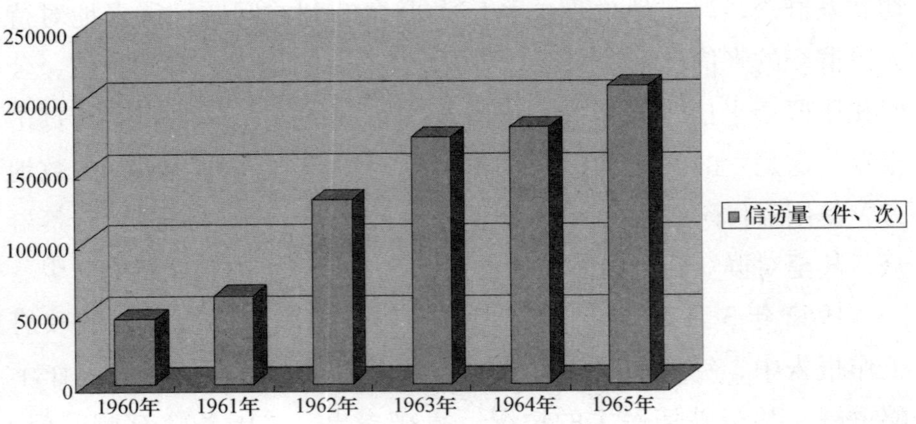

国务院秘书厅1960—1965年受理来信来访的情况①

由于来信来访数量增加过快，超过了信访干部的承受能力，再加上几年中出现的一些新问题又无政策规定，一些信访人反映的问题得不到及时处理，重复来信来访的比例也随之增大。比较1962年和1963年国务院秘书厅受理的来信来访，重复来信的比例由12.1%上升到17.5%，重复来访的比例由20.1%上升到31.2%，其他年份的重复来信来访也都在增加。这一时期，来信来访内容也发生了很大变化：反映农村缺粮的来信来访有所减少，政策问题和建议信继续增多；有关精减职工问题的来信来访增多；申诉问题的来信来访占的比例大，绝对数字逐年增加；反映社教的问题增多。

四、信访制度的发展与探索

从1961年开始，来信来访数量回升，尤其是大批来访人涌往北京，要求解决问题的心情非常迫切。信访中反映了许多新问

① 数据来源：刁杰成《人民信访史略》，北京经济学院出版社1996年版，第165页。

题，处理起来比较困难。一是有些问题在政策上缺乏具体规定，如精减人员安置中的一些问题、农村经济纠纷中的一些问题、集体所有制和全民所有制关系中的一些问题、退社退厂的退赔问题等；二是分工不明确，原有的分工，有相当一部分条款已经不适用。此外，个别单位对待人民来信来访工作不够重视，处理不认真，或者工作作风简单，缺乏深入细致和有针对性的工作，致使有的来访人的思想抵触情绪越来越大。

为了缓和日趋紧张的党群和干群关系，加强信访工作又被提上党和国家的政治日程。1961 年 2 月 8 日，中共中央办公厅组织召开中央机关信访工作会议。为了做好来信来访工作，中央又多次召开各种形式的工作会议。1963 年 9 月 20 日，中共中央、国务院联名下达《关于加强人民来信来访工作的通知》，进一步明确了信访功能，把处理信访作为各级国家机关一项经常性的政治任务。这是党政最高领导机关第一次联名颁发的信访工作文件，是规格最高的一个文件。1963 年 10 月 5 日，国务院秘书厅整理颁布各地试行《国家机关处理人民来信和接待来访工作条例（草稿）》，对开展信访工作的指导思想、组织机构、办理机制和干部守则等都作了详细论述和具体的规定，对于信访制度的发展、《信访条例》的制定都具有重要意义。

这一时期，信访制度进一步发展创新，主要有以下方面：

（一）信访机构人员设置

在信访干部配备、信访机构设置方面越来越符合客观现实，指导思想也一次比一次深化。1951 年《关于处理人民来信和接见人民工作的决定》规定县（市）以上各级人民政府“设立问事处，或接待室”，“在原编制内指定专人”做信访工作。1957 年《关于加强处理人民来信和接待人民来访工作的指示（草案)》中规定，县以上人民委员会“一定要有专职人员”“专职机构”处理信访工作。1963 年《关于加强人民来信来访工作的通知》中重申专人做信访工作的规定“应当仍然有效”，《国家机关处理人民来信和接待人民来访工作条例（草稿）》不但明确允许设立专职机构，而且对行政级别作了规定。从“专人”到“专职”，表明信访机构已从临时性的应急机构转变为常设机构。到“文化大革命”前，县（市）以上各级党政机关都设置了信访机构，配备专职信访干部，从中央机关到县级机关形成了一套完整的信访工作体系。

（二）完善信访办理制度

信访形势的变化，也促进了信访工作制度的调整。这一时期，已经公布或虽未公布但是在系统内实际执行的信访文件有近十份之多，如中央办公厅、国务院秘书厅 1963 年 8 月 10 日制定的《关于中央机关接待和处理人民来访的几项规定》、1966 年 3 月国务院秘书厅整理的《县级机关做好信访工作的重要措施——在公社建立接见群众日制度》。

信访办理制度在信访实践中不断修改完善，主要体现在领导重视、调整归口、多办少转以及信访汇报制度方面。

在领导重视方面，作出了更加明确具体的规定。1951 年政务院《关于处理人民来信和接见人民工作的决定》提出，县（市）以上各级人民政府的领导人要“经常地进行检查和指导”信访工作。1957 年国务院《关于加强处理人民来信和接待人民来访工作的指示（草案）》要求各级政府机关“都必须有一个领导人亲自掌管机关的处理人民来信和接待人民来访工作”，此外，还要求“机关中其他领导人，也都要抽出时间，批办一定数量的群众来信和接见一些来访群众，经常关心这项工作”。1963 年《国家机关处理人民来信和接待人民来访工作条例（草稿）》则进一步要求“各级国家机关，对于本机关的人民来信来访工作，应当作为一项重要工作，列入本机关领导的议事日程”，并且“指定一位领导干部具体掌管人民来信来访工作”。① 从要求领导同志“过问”到亲自“处理”，再到列入本机关领导的议事日程，信访工作越来越受到重视并逐步落实。1966 年 3 月，国务院秘书厅整理的《县级机关做好信访工作的重要措施（草稿）——在公社建立接见群众日制度》指出，接见群众日要逐步成为县级机关整个信访工作的中心环节，变成一种“雷打不散”的制度，使信访工作由被动变为主动，为群众随时、随地解决各种问题打开方便之门。

信访问题实施“归口处理”，从产生“归口”的雏形，到制定比较完善的办法，经过了长时间的实践和多次较大规模的修订。1954 年，政务院总结中央一级政府机关的来信来访工作时，提出了一个系统的 14 条“归口处理”办法和两条原则。1957 年国务院《关于加强处理人民来信和接待人民来访工作的指示（草案）》提出“归口交办”“依靠业务部门和单位，结合业务工作进行处理”。此后，到 1963 年又多次修改，其中比较大的有三次：第一次是 1958 年，国务院秘书厅召集中央有关部门和北京市讨论修改 1957 年“归口规定”，11 月 15 日国务院秘书厅印发国务院各部委和各直属机构“遵照执行”。第二次是 1960 年，由于工农业生产发生较大变化、来信来访内容的变化和中央有些机构及其业务范围的调整，国务院秘书厅与有关部门协商、征求意见后，正式印发国务院各部委和各直属机构“执行”。第三次是 1963 年 8 月 10 日，中共中央办公厅、国务院秘书厅印发《关于中央机关接待和处理人民来访的几项规定》，按来访人反映的主

① 《国家机关处理人民来信和接待人民来访工作条例（草稿）》，1963 年 10 月 5 日。

要问题分成15类，分别请中央各主管部门分工处理。这一次拿出中央机关分工办法做“范本”，供参考，对各地完善“归口交办”的办法有很大的促进作用。

在信访办理实践中，逐步形成了“多办少转”的信访办理制度。1957年5月31日，国务院秘书长习仲勋在全国信访工作会议上讲话，对“转办方法”作了详细说明：“凡是应该中央机关办理的，而且中央机关容易处理的，一律由中央直接处理，不要下转”，应该由地方办理的转给地方，必须施行“层层负责的办法”。① 1963年中共中央、国务院联合下发的《关于加强人民来信来访工作的通知》规定了省、地（专）两级的党政机关应当力求“多办少转”，县级党政机关一般应当是“只办不转”的处理原则。后来，根据实际情况，县级党政机关一般是执行“多办少转”，效果比较明显。山东省贯彻“多办少转”的精神后，好的县，如胶南等7县直接查处的案件，占总数的90%以上；较好的县，自办率达70%以上；一般的也在50%左右。

为了使各地清理和汇报案件规范化，减少积案，国务院秘书厅制定了信访案件回报制度。1961年10月28日，国务院秘书厅发出《关于迅速清理群众来信来访未结案件的通知》，要求各有关单位，迅速清理还没有给国务院秘书厅报来处理结果的案件。1962年4月10日，国务院秘书厅制定了回报信访案件的五条标准。这五条标准，不仅对清理积案有益，而且是新中国成立以来第一个关于信访案件应回报哪些内容和如何回报的规范性文件。回报制度的推行，使许多积案得到了清理，很快结案上报。山西、湖北、四川三省1959年至1962年共受理国务院交办要回报处理结果的案件379件，到1962年底，上报221件，占总数的

---

① 《习仲勋文选》，中央文献出版社1995年版，第252页。

58.3%。三省根据国务院的通知精神，采取了措施，很快又有 100 件案件结案上报和正在审查上报，使结案率提高到 84.7%，未结案的 58 件也都在加速处理。不仅积案清理快，新案也得到了迅速处理。

为维护信访工作正常秩序，对妨碍信访工作正常秩序的上访人员采取收容遣送的方式。1960 年 11 月，内务部发布《关于进一步做好收容遣送工作的通知》，1961 年中央批转公安部《关于制止人口自由流动的报告》，1961 年内务部制定《城市收容遣送站工作方案》。收容遣送的对象是“两个无着”：流入城市、食宿无着的外流农民和城市中流浪街头、生活无着的人，对他们实行收容、救济、教育、改造和遣送、安置相结合。对接待机关已经处理完毕仍坚持不走的上访人员，经说服教育无效的，由收容遣送站收容教育并采用对口遣送的办法送回。

为了方便来访群众和改进接待工作，1965 年 6 月，国务院秘书厅会同中共中央办公厅、全国人大常委会办公厅和来访群众较多的中央部、委，在北京市德胜门外联合办公，正式成立了“中央机关人民来访联合接待室”，到 1966 年已有 20 多个中央机关参加联合办公。这一设计和安排一方面将上访群体和中央重要办公地点分割开来，不影响首都的交通、治安秩序及中央机关的办公秩序；另一方面，方便了赴京来访人，使来访人不至于在京城来回流动和在各部门之间轮流上访，避免了信访资源的浪费，加快了案件处理的速度，提高了办事效率。

（三）信访档案管理制度

新中国成立初期中央就十分重视信访档案管理，1951 年第一次全国秘书长会议对信访档案问题专门进行了研究，并充分考虑到信访档案的特殊性。国务院秘书厅在 20 世纪 50 年代末曾多次制定计划，准备整理新中国成立以来的全部信访档案，并准备先对新中国成立以来的部分档案进行初步整理，从中摸索经验，以便制定信访档案管理办法，但终因人少事多和客观条件不成熟，未能实现。到20世纪60年代初，信访工作和其他工作同样走上了正轨，需要建立正常的档案管理办法，各省、自治区和直辖市也纷纷要求国务院制定统一的信访档案管理办法。

国务院秘书厅根据十多年的实践经验，掌握了立卷的基本方法，再吸取其他部门建立档案的一些做法，着手制定了立卷归档的办法。1961年11月10日，国务院秘书厅颁布了《来信档案管理办法》；1963年8月7日制定了《人民来信来访档案立卷工作方法》；1964年12月制定了《信访档案分类管理办法》。《人民来信来访档案立卷工作方法》分总则、立卷范围、立卷方法和案卷登记、归档共4章20条。《信访档案分类管理办法》将信访问题划分为反映类、要求类和其他类，这种分类管理方法对后来的信访数据统计和信访档案整理产生了很大影响，后来的信访档案分类法就是在这个分类法的基础上完善起来的。

（四）信访经验总结制度

从1949年到1966年的十多年中，信访工作已从初创发展到成熟；从对案件的单件研究、处理，发展到对同类问题的综合研究；从一般的总结经验，发展到对全国信访工作经验进行理论上的探讨。此时，信访工作已经摆脱了就事论事，开始从理论上进行探讨，这标志着信访工作发展到了一个新的阶段，这是一大进步、一大飞跃。《关于加强人民来信来访工作的通知》指出，任何地方都有好的经验，领导机关和领导同志的任务就是发现和总结这些好的经验，进行交流、推广。

从1961年开始，国务院秘书厅陆续召开了一系列的座谈会、汇报会和经验交流会，互相交流情况，汇集了各地的宝贵经验。20 世纪 60 年代初，浙江省诸暨市枫桥镇的干部群众在社会主义教育运动中创造了“发动和依靠群众，坚持矛盾不上交，就地解决，实现捕人少，治安好”的“枫桥经验”。1963 年 11 月，毛泽东对之作出批示“要各地仿效，经过试点，推广去做”①。

1964 年初，国务院秘书厅整理总结的《人民来信来访工作的基本经验（草稿）》，对中央机关和地方各级政府信访工作中的共性的、好的做法进行探讨，可谓 1949 年以来 15 年信访经验的集大成者。文件对新中国成立十多年来信来访工作中行之有效的做法进行汇总和系统的分析，概括了五条基本经验：领导认真抓是做好信访工作的关键；专员公署以上各级国家机关，进行明确分工，推动各级、各部门做好来信来访工作；做好县一级的来信来访工作，是做好整个信访工作的基础；“三结合”（结合业务工作、结合政策研究、结合中心工作）是处理来信来访的基本方法；配备一套好“班子”，是做好来信来访工作的必要条件。

新中国成立后的十几年，社会主义建设取得了显著成绩，但同时也暴露出许多问题，特别是“大跃进”和反右派时期出现的工作偏差，造成了随后几年的信访工作“积案”增多、处理难度加大的状况。尽管这一时期国家政治生活不正常，信访工作也出现种种问题，但是党和政府仍非常重视信访制度建设。这一时期一系列规章制度的建立和完善，有力推动了当时的信访工作，信访工作的质量和结案率得到了明显的改善和提高。

---

① 《建国以来毛泽东文稿》第 10 册，中央文献出版社 1996 年版，第 293 页。

第三章　以特殊方式开展的信访工作（1966—1976年）

1966年至1976年发生的“文化大革命”，使党、国家和人民遭到新中国成立以来最严重的挫折和损失。运动开始后，党的各级组织普遍受到冲击并陷于瘫痪、半瘫痪状态。这种情况一方面直接影响了信访工作，信访制度遭到严重破坏，成为政治斗争中一些人打击报复、陷害他人的工具。另一方面许多信息渠道失灵，信访部门成为沟通和反映信息的重要渠道，尤其是中央机关的信访部门，成为中央了解运动、生产、民情的重要信息来源之一，信访工作以特殊的方式发挥着独特的作用。

一、复杂多变的信访形势

“文化大革命”十年中，政治形势变化快，来信来访形势也复杂多变。就数量而言，时多时少，起伏较大，来信较多的年份是较少年份的数倍。国务院秘书厅（先后改为国务院办公室、国务院办公厅，其办理信访部门先后改为国务院办公室信访处、国务院办公室信访室、国务院办公厅信访局）收信数量的增减，可以代表全国来信数量的变化。

1966年5月25日，中共中央政治局扩大会议尚未结束，北京大学聂元梓等7人贴出大字报，向中共北京市委和北京大学党委发难。8月5日，毛泽东写下《炮打司令部——我的一张大字报》，并继续支持聂元梓等造反派。随着红卫兵运动的兴起，出现了全国性的大串连高潮。8 月，全国各地学生为派性争斗、揪批所谓“走资派”分歧等问题，纷纷赴京上访、告状，大串联逐渐形成气候。在随后的三四个月，由于毛泽东的接见，各地先后组织了 1100 万红卫兵和教师到北京。“文化大革命”开始时，国务院秘书厅有一段时间月收信达到 2 万多件，有时 4 万余件，1967 年月均收信达 2 万余件。

1966 年下半年和 1967 年，中共中央、中央军委、国务院、中央文革小组连续几次联合发出通知或紧急通知，要求在外地串联学生和在京上访人员立即返回原单位，停止乘车串联。1969 年 8 月 8 日，周恩来在修改中央《关于严格控制来京人员的通知（草稿）》时写道：要求全国上访、外调、参观、办事、治病和外流人员一律回到本地、本单位，认真“抓革命，促生产，促工作，促战备”。①

1971 年“九一三”事件后，人们认为落实政策的障碍已除，看到了希望，纷纷来信来访申诉自己的问题，揭发林彪的罪行，信访数量大增，当年中央收信即达到 13 万多件。1972 年，中央印发 45 号文件，对落实政策中的几个主要问题作出了规定，信访数量大幅度增长。根据周恩来的指示，4 月 24 日《人民日报》发表社论《惩前毖后，治病救人》，指出老干部是党的宝贵财富，要正确执行党的干部路线，排除“左”和“右”的干扰。许多老干部和他们的家属纷纷给党中央和毛泽东写信，要求弄清问题，落实政策。从 1972 年至 1975 年，每年均超过 28 万件，其中 1973 年达到 34 万件，出现了全国性的信访高潮。

① 中共中央文献研究室编：《周恩来年谱（一九四九——九七六）》下卷，中央文献出版社 1997 年版，第 313 页。

在来信来访数量增多的同时，重复信访也大量出现。为了摸清重复信访的情况和规律，1975 年，国务院办公室信访室对辽宁、河北、江苏、北京和中央有关部门进行抽样调查。调查发现，4 个县级机关的重复来信来访占调查总数的 10%—25%；5 个地区和 1 个地级市占调查总数的 20%—35%；3 省 1 市政府机关占调查总数的 30%—50%。国务院办公室信访室对自己受理的河南、吉林、湖南、北京的来信进行统计，重复信占 40%—55%。由县到中央机关，重复信的比例一级比一级高。重复来信来访的主要包括：对定性、戴帽、遣返、处分和政治结论有意见；对非正常死亡的则要求作出结论和追查凶手；反映干部违法乱纪、打击报复；要求优抚救济和解决职工生活困难等。

从调查的情况分析，造成重复来信来访的原因很多，主要有：（1）“文化大革命”后期，邓小平主持中央工作，广大干部、群众看到了落实政策的希望，纷纷来信来访，要求解决“文化大革命”中的问题和历史遗留问题。（2）没有政策规定，或规定不明确，或部门分工不清，造成互相推诿，问题无人管。如，湖南省上访人员中，属于要求复工、补偿经济损失以及地、富分子摘帽后，要求改变土改时成分的占信访总数的 30%；60 年代精减下放人员要求复工复职，或要求经济补偿的占信访总数的 11%；“文化大革命”中被抄家、拆屋、罚款等，要求经济清退的占信访总数的 11%；平反后，要求解决受株连的家属、子女的户口迁入城镇的占信访总数的 5%。以上 4 类占信访总数的 57%，这些是当时的政策难以解决的，带有全国性的、普遍存在的问题。（3）有的单位和领导对群众来信来访重视不够，或者怕字当头，使问题不能及时、正确地处理。（4）少数人搞派性，对落实政策起了一定干扰作用。有些来信来访人要求过高，不能满足，就长期写信、上访，甚至有的在北京长期滞留，无理取闹人员逐年上升。据北京市公安局收容站统计，1975 年上半年，收容遣送的 1799 人中，被遣送 5 次以上的有 220 人，最高的被遣送 80 次。（5）接待来访的分工不明确，造成来访人在各机关重复走访。

从典型调查的情况看，各地对重复来信来访的处理都很重视，并且取得了不小的成绩。他们的共同经验：一是党委重视，经常办案，老大难案件提到党委会上研究。江苏省淮阴地委 1974 年开了 7 次常委会会议，研究和处理积案。二是充分发挥业务部门的作用，联合办案。淮阴地区处理的积案中，有 85% 是各部门联合处理的。三是信访干部当好党委的助手，深入基层调查研究，及时向党委反映情况。

来信来访内容比较突出的是落实政策问题，不同阶段要求落实的内容也有明显的不同。在“文化大革命”初期，要求解决精减下放和“四清”的问题突出。但很快就被反映所谓“资产阶级反动路线”和揭发问题所代替。紧接着，揭发问题和要求落实政策的内容占主导地位。之后，要求落实政策成为较长时间信访的主要内容。尽管中间出现批判陈伯达和揭发林彪、“四人帮”反革命罪行的两次高潮，但许多信件在揭发问题的同时又有要求落实政策的内容。这呈现了一个规律：政治运动初始信访量高，主要是“革命分子”的批判、揭发信件多；政治运动平息后信访量高，主要是受迫害者提出要求和申诉平反冤案的信件多。政治运动年代的信访总在这一起一伏中上演着类似的悲喜剧。①

二、信访制度的严重破坏

“文化大革命”使整个国家的政治活动陷入无序和混乱，信

① 李宏勃：《法制现代化进程中的人民信访》，清华大学出版社 2007 年版，第 69 页。

访制度遭到严重破坏，全国的信访工作基本上处于停滞和半停滞状态。同时，信访功能出现变异，信访成为政治斗争中打击报复、陷害他人的工具。

“文化大革命”初期，多数信访干部调离原工作岗位，信访工作一度出现无人过问的状态。1966 年，“文化大革命”开始后，许多地方无法正常开展信访工作，大量的信件无人处理，信访制度名存实亡。“文化大革命”中，各级党政组织普遍受到冲击处于瘫痪、半瘫痪状态。全国的信访工作受到巨大冲击，信访机构也处于瘫痪、半瘫痪状态，有的被撤销、解散，有的被降格为信访组。1966 年 8 月份以后，甘肃省信访部门受到红卫兵“大串联”的冲击，一批长期从事信访工作和富有信访工作经验的同志陆续被调离信访部门。1967 年兰州军区支左办公室成立，进驻甘肃省委，用“掺沙子、摔石头”的方式对省委人民来信来访工作室进行彻底的改组，除留一二人外，全部调离。① 山东曲阜信访室多次受到冲击，信访专职干部仅剩 1 人，无法开展正常工作。“文化大革命”后期专职信访干部才增至 3 人。②

“文化大革命”中，林彪、“四人帮”反革命集团为了攫取最高权力，破坏、控制以致另立信访机构。一方面，制造舆论，污蔑信访部门是“走资派的班底”“专替坏人讲话”，以此否定信访制度存在的必要。另一方面，另立信访机构，整理从中央到地方一大批领导同志的“黑材料”，以收集这些领导干部的所谓“犯罪事实”，写“黑信”“告黑状”，从政治上打倒他们。同时，利用信访为夺取最高权力制造“民意基础”，从信访渠道物色所

① 苏度主编：《甘肃信访志（1949—1989）》，甘肃民族出版社 1991 年版，第 18、19 页。

② 《曲阜市志》，齐鲁书社 1993 年版，第 430 页。

谓的“反潮流战士”，扩大帮派政治势力，并发动这些人利用信访方式，写“效忠信”“劝进书”，为篡党夺权制造舆论。对此，中共中央副主席兼中共中央办公厅主任汪东兴在第二次全国信访工作会议上指出，他们另立信访机构，擅自处理需要他们转呈毛泽东、党中央的重要信件。他们利用来信来访搜集整理反党黑材料，制造了诸如“风庆轮事件”“小学生事件”，策划“放火烧荒”等，进行反党阴谋活动。①

此外，借上访为名，冲击党委，制造混乱，并在“以阶级斗争为纲”的口号下，把信访工作当作专政工具，把群众的正当批评和建议视为“反动言论”加以追究和迫害，制造了不少冤案、错案和假案。据统计，仅仅 1976 年 3 月一个月时间，“四人帮”集团成员把《人民日报》的 50 多封群众来信当作“反革命”信件转到了公安部门查办，致使很多无辜群众遭到政治迫害，其中“张志新案件”②“庄辛辛案件”③ 就是“四人帮”无情打击、残酷报复、镇压群众的典型事件。

“文化大革命”时期，写效忠信、告黑状、贴大字报，整人黑材料盛行。这种状况不是社会客观矛盾的必然反映，而是通过自上而下地人为发动，违背了信访的基本规律，是不正常的。“文化大革命”期间，信访制度背离了制度设计的初衷，成为一

---

① 中共中央办公厅、国务院办公厅信访局编：《全国信访工作会议资料汇编》，1989 年，第 163 页。

② 张志新（1930—1975），天津人，女，曾任中共辽宁省委宣传部干事。“文化大革命”中因为写信阐明对“左”倾路线的看法以及公开议论“左”倾错误于 1969 年被捕入狱，1975 年 4 月 4 日，被以“现行反革命罪”惨遭杀害。1979 年 3 月，中共辽宁省委为她平反，并追认为革命烈士。

③ 1976 年 4 月 5 日“天安门事件”后，广州半导体材料厂青年工人庄辛辛于 4 月 7 日致信《人民日报》《红旗》杂志，发出了“支持邓小平，打倒张春桥、打倒姚文元、打倒江青”的呼声，结果被以“反革命罪”判处有期徒刑 15 年。

些人在政治斗争中打击报复或陷害他人的工具，失去了应有的作用。

三、反映信息的重要渠道

“文化大革命”爆发后，许多信息渠道失灵。此时，又是各种社会矛盾和问题比较多的时期，信访部门成为沟通和反映信息的重要渠道。中央机关的信访部门，作用更为突出，成为中央了解民情的重要信息来源之一。

为了接待不同类型的来访者，周恩来指示国务院先后成立了多个接待室。比如北京西城区西安门大街22号接待站主要是接待串联的学生，西城区兵马司接待站主要接待反映“文化大革命”问题的来访职工，德胜门外中央机关联合接待站主要接待一般来访群众，1966年还在月坛中学成立红卫兵接待站，1967年在劳动人民文化宫成立了“中共中央办公厅、国务院秘书厅文化大革命联合接待室”。1968年6月6日，国务院秘书厅信访室成立了“总理亲启信办理小组”，成为沟通和反映信息的重要渠道，一直工作到1972年初。

总理亲启信办理小组处理了大量总理亲启信，及时、准确地向周恩来反映了很多重要情况，如1970年共处理亲启信12439件，占全年来信总数的11.8%；1971年11个月里共处理亲启信14877件，占来信总数的12.8%。① 1966年7月中央办公厅秘书室改为信访处；9月，中央机关人民来访联合接待室改为串连学生接待站。1971年“九一三”事件后，经周恩来批准，国务院办公室信访室成立了一个专门小组，处理涉及“九一三”事件的来信。

当时，毛泽东、周恩来等党和国家领导人对人民来信来访中

① 刁杰成：《人民信访史略》，北京经济学院出版社1996年版，第219页。

反映的问题非常重视，作了许多极为重要的批示，对一些重大案件和许多原则问题提出具体意见。在当时十分混乱的情况下，信访工作仍以特殊的方式发挥着独特的作用。毛泽东常常在重大决策前后，要求秘书室的同志送上有关的群众来信，他还多次将有关来信提到中央高层决策会议研讨。在“文化大革命”中，毛泽东也通过群众来信来访了解到部分真实情况，对克服“文化大革命”中的某些错误，起到了积极的作用。20 世纪 70 年代，国务院办公室信访室《信访简报》反映了右派分子要求甄别平反的问题，毛泽东作了批示，推动了甄别右派问题的工作。1973 年初，有人上书毛泽东，反映在农村插队落户知青的困难，要求政府给予合理解决。毛泽东阅后指出：“全国此类事甚多，容统筹解决。”根据毛泽东的指示，中共中央下达了文件，全国知识青年上山下乡工作会议制定了 6 条原则，使上山下乡知识青年的生产、生活条件有了普遍改善。1975 年 5 月，毛泽东在一位受林彪一伙打击陷害的军队干部的任职请示报告上批示：“此人无罪，当然应予分配工作，过去一切污蔑不实之词，应予推倒。”①“文化大革命”后期，毛泽东对许多受迫害的老干部及其家属的来信作了批示，这对纠正当时干部政策中的错误起到了一定的作用。在极左思潮泛滥的时候，许多被审查的人都遭到了体罚、虐待。

周恩来从不把人民的来信和来访工作，当成不值得过问的“小事”，而是当作党和人民一项事业来对待。在周恩来的不断关心下，国务院的信访工作有所改进，发挥着领导同人民群众联系的“桥梁”作用，成为领导同人民声息相通的渠道之一。1968 年，信访室收到一位省里领导同志给周恩来的来信，报送时延误了时间，周恩来没有批评，而是非常具体地教给信访室办理来信

① 《中共党史资料》第 50 辑，中共党史出版社 1994 年版，第 122 页。

的方法，他指示：有的信，篇幅不长，字又清楚，不必打字，要及时送我；有的信，篇幅长，可摘要一下，把字写大些，也不必打字；如果有的信要抄报其他同志，一般打三份就可以了，一份送我，一份送有关人，一份存档。他又说：这样区别办理，既快又节约。1969 年 9 月 8 日，周恩来在中央办公厅秘书局信访处报送的《关于群众向中央写信遭受打击报复情况的报告》上批示，要中央办公厅“代中央拟一内部通报电稿，发给各省、市、自治区各级革委会，要求各级负责人引起注意。如违，应予以纪律处分”。①

四、发挥独特作用的信访

“文化大革命”期间许多党政军的中高级干部被审查，或被长期挂起来，等待作结论。为此，他们及其亲属不断给中共中央、国务院和毛泽东、周恩来写信，要求落实政策、分配工作、回京治病、探望亲人或惩办凶手等。国务院办公室信访室将这类来信写成综合材料向上呈送，引起了中央领导同志的重视。1970 年前后，各级党政机关受理的人民群众来信来访增多，其中要求落实政策的占的比例很大，尤其是许多来访人“涌”向北京。

1972 年 4 月 24 日，经周恩来亲自审阅修改后，《人民日报》发表《惩前毖后，治病救人》的社论。社论强调，要严格区分两类不同性质的矛盾。对一切犯错误的同志，都要坚持“团结—批评—团结”的方针。并指出：“经过长期革命斗争锻炼的老干部是党的宝贵财富。”这以后，全国其他报刊相继发表文章，论述

① 中共中央文献研究室编：《周恩来年谱（一九四九——一九七六）》下卷，中央文献出版社 1997 年版，第 320 页。

落实党的干部政策问题，产生了广泛的影响。许多老干部和他们的家属纷纷给党中央和毛泽东写信，要求弄清问题，落实政策。

1972 年上半年，国务院办公室会同有关部门研究制定了两个办法。5 月 6 日，国务院办公室制定《关于被审查的干部和家属来信处理办法》。这主要是解决中央机关司局级、部级干部的落实政策问题，后来扩大到地方上的省、地级干部，少数典型的县级干部也按这个办法处理。6 月 6 日，制定《关于军队干部问题来信的处理意见》。执行、落实这两个文件的做法很讲究策略，不是普遍发送各单位，而是国务院办公室信访室第一次向有关部委送有关干部的申诉材料时，附上这个办法，并说明这个办法是经国务院领导同志批准同意的，这就等于告诉这个办法是周恩来批准的。各单位执行这个办法是认真负责的，迅速解决了一大批党政军中的中高级干部问题，也为后来落实干部政策问题打下了基础，创造了经验。①

1972 年 11 月 5 日，周恩来作出关于加强信访工作和首都治安保卫工作的指示。12 月 22 日，中共中央转发中央办公厅、国务院办公室、总政治部和公安部《关于加强信访工作和维护首都治安的报告》。报告要求各级组织认真落实党的政策，加强对信访工作的领导，处理好人民群众来信来访中反映的问题；健全信访机构，调配有政策业务水平的干部，加强信访工作队伍；应有一位主要负责同志来抓信访工作；对来信来访的处理，要严格区分和正确处理两类不同性质的矛盾，务必做到合乎政策，满足群众的正当要求，反对置之不理、层层照转或互相推诿的官僚主义；严禁对来信来访群众进行打击报复；要把群众反映的大量问

① 刁杰成：《周恩来与“文化大革命”中的信访工作》，载《当代中国史研究》1998 年第 2 期。

题，及时解决在基层，减少来京上访人员，维护首都良好的社会秩序。此后，一些地方恢复或建立了信访机构。天津市在贯彻报告过程中，恢复建立了信访工作制度，加强了区、县的信访机构建设；在一定程度上为一些含冤者落实了政策，有些调查工作为日后平反冤假错案奠定了基础。但是，由于当时仍处在“文化大革命”当中，“左”的东西依然盛行，因此，大多数信访案件未能获得彻底解决，只能搁置起来。①

1973 年 7 月 24 日，周恩来对公安部一件有关来京上访问题的调查报告批示：

> 我们各级机关官僚主义不负责任的习气甚深。对上访确有困难者，应予以负责解决，一竿子到底。此外，必须追究基层落实情况，务使受害者或有问题不得解决者来信证明得到解决为止。②

所谓“一竿子到底”，是指领导机关应追究基层对信访案件的落实情况，直到信访人的合理要求解决为止。

1974 年 2 月 18 日，周恩来就中央办公厅信访处转来江西省乐平县发生八名群众在县委静坐绝食、要求解决问题的材料批示，要求中央办公厅负责人即与江西省委、乐平县委取得联系，劝说绝食的群众停止绝食，不可消极自毁。同时，告乐平县委按中央有关政策妥善解决群众所提合理意见要求，对不合理、不合中央政策的部分，提要求者也应自动改正。当月 28 日，他又对

---

① 天津市地方志编修委员会编著：《天津通志·信访志》，天津社会科学院出版社 1997 年版，第 8 页。

② 中共中央文献研究室编：《周恩来年谱（一九四九——一九七六）》下卷，中央文献出版社 1997 年版，第 607—608 页。

重庆市杨家坪半工半读技校发生的一起学生绝食事件批示：以国务院名义打电话转告绝食学生，指出绝食做法“是消极的，错误的”，“应该吃饱饭，振作起精神，来与市委一起讨论，谋求问题解决”。4 月 12 日，周恩来作出关于保护来访人的批示。①

在“文化大革命”这段特殊历史时期，新问题不断出现，许多新问题不仅无处理办法，也无主管部门，就连过去有主管部门管的问题，由于机构的合并、撤销，也成了无部门管的问题。这些问题往往先从信访部门反映出来，成为信访部门研究的对象和内容，于是出现了一些特殊信件的处理。信访部门将研究出的处理办法报送领导，由领导同志批示有关部门制定政策予以解决。1972 年 11 月 7 日，中共中央办公厅、国务院办公室、总政治部、公安部召集有关部门负责人会议，对信访工作中经常遇到的重大的、突出的七个政策性问题：定性问题，非正常死亡问题，开除、退职问题，遣返、疏散问题，工资、劳保、优抚、救济问题，户口迁移问题和“可以教育好子女”的家庭出身问题提出了解决办法，作出了相应的规定。②

总之，这一时期的信访体制基本上沿用过去形成的模式，没有实质性的变化和改善。信访部门一直处于忙乱应付之中，中央机关转地方处理的信件，有的被原封不动地放置一边，无人问津。后来，情况虽有好转，但原有的规章制度已不适用，新的工作秩序又没建立起来，仍处于维持、应付状态。

---

① 参见《周恩来年谱（一九四九——一九七六）》下卷，中央文献出版社 1997 年版，第 607—653 页。

② 刁杰成：《周恩来与“文化大革命”中的信访工作》，载《当代中国史研究》1998 年第 2 期。

第四章　春风化雨中的信访工作（1976—1982年）

1976年“文化大革命”结束，至1982年第三次全国信访工作大会召开，这段时间是信访制度建设至为重要的时期。在中共十一届三中全会召开的前后六年时间里，一方面，春风化雨，堆积如山的冤假错案得以平反昭雪①，结束了新中国成立以来最为激烈的信访大潮，迅速而平稳地转入健康发展轨道，国家呈现出安定祥和、人心顺畅、生机勃勃的崭新局面；另一方面，信访制度恢复重建，信访机构的设置、信访政策的制定以及信访工作人员的培训卓有成效，开创了信访工作新局面。

一、徘徊中前进的信访治理

“文化大革命”结束后，来信来访数量成倍增长。究竟如何认识和处理“左”倾错误所造成的冤假错案，当时还存在着重大的分歧和斗争。1978年第二次全国信访工作会议的召开和《中央各机关接待和处理人民来访分工的暂行规定（草稿）》的制定，推进了信访制度的恢复重建，并在拨乱反正中发挥了重要的

① 《上访通讯》编辑室编的《春风化雨集》（群众出版社，1981年版）是全国各省、市、自治区撰写的信访典型案例，由专门写作班子从1980年3月到11月，认真进行了调查和撰写。全书汇集选用了120个案例，分上下两卷出版，内部发行。

作用。

（一）“文化大革命”结束后的信访高潮

“文化大革命”结束后，广大人民群众纷纷上书，迫切要求平反冤假错案、落实政策，信访量上升幅度较大，当年即达到 13 万余件。从 1977 年下半年开始，来信来访数量上升尤为明显，1978 年上升的幅度更大，尤以来访增长更快。1977 年为 18 万余件，1978 年为 51 万余件。1978 年上半年，中共中央办公厅、国务院办公室联合接待室接待来访 4. 5 万人次，比 1977 年同期增长 202%。中央组织部 1978 年 1—6 月收信 32927 件，接待来访群众 6434 人次，比 1977 年同期分别增加 410% 和 225%。铁道部 1978 年 1—6 月收信 1. 7 万多件，接待来访群众 4000 多人次，比 1977 年同期分别增加 250% 和 150%。

各省、自治区、直辖市来信来访数量也同样猛增。山东省委、省革委 1978 年 8 月收信 14999 件，接待来访 3144 人次，同 1977 年 8 月相比，分别增加 500% 和 400%，赴京上访也增加 400%。其他省、自治区、直辖市增长的情况也大体相同。① 河南安阳地委 1977 年共受理人民来信来访 7989 件次，相当于“文化大革命”前的 2. 5 倍；1978 年又上升到 27271 件次，相当于 1977 年的 3. 4 倍。②

从来信来访数量不断增多和内容变化的情况看，群众不仅揭发了林彪、“四人帮”反革命集团的大量罪行，而且大胆踊跃地向中央提出批评和建议。群众中有许多问题亟待党和政府去帮助解决，信访工作的领导和建设亟须加强。

---

① 刁杰成：《人民信访史略》，北京经济学院出版社 1996 年版，第 213—214 页。
② 南阳地区信访办公室编：《南阳地区信访志》，1988 年，第 5 页。

（二）第二次全国信访工作会议召开

大批来访人涌向北京、各省省会和其他大中城市，这既不利于解决问题，也带来了许多社会问题。1977 年 10 月 7 日，《人民日报》发表中共中央党校几位理论工作者根据常务副校长胡耀邦意见撰写的《把被“四人帮”颠倒了的干部路线是非纠正过来》，率先为平反冤假错案工作做了舆论准备。从《邓小平年谱》中可以看到，邓小平刚刚恢复工作后，就开始受理与冤假错案有关的申诉信。胡耀邦于 1977 年底出任中央组织部部长，大大加快了平反冤假错案的速度。中组部一月份每天来访的有几百人，收到的信是 12000 条封，六麻袋。1978 年 5 月 29 日，华国锋对北京日报《内部参考》2381 期反映的来京上访人员多所出现的问题指示：“建议召集有关部门研究，采取有力措施解决这个问题。”

十一届三中全会召开前夕，1978 年 9 月 18 日至 10 月 5 日，中共中央办公厅和国务院办公室在京召开第二次全国信访工作会议，距离 1957 年第一次全国信访工作会议已 21 年之久。这次会议参加人数之多、持续之久，是中国信访会议史上前所未有的。当时“文化大革命”造成的问题很多，要解决这些问题，必须有统一的精神，制定大量的相应政策。这次会议反思“文化大革命”和检讨“文化大革命”期间的信访工作；研究信访中反映出来的新问题、重大问题，推动有关部门研究和制定政策，加速落实政策和拨乱反正。会议讨论了《中央各机关接待和处理人民来访分工的暂行规定（草稿）》和《国家基本建设委员会关于城市私有房产若干问题的意见（征求意见稿）》两个文件。① 会议

① 中共中央办公厅、国务院办公厅信访局编：《全国信访工作会议资料汇编》，1989 年印，第 157—159 页。

分组讨论了国务院办公室提出的当时信访工作中的九个政策性问题，并讨论、印发、交流了中央和有关部门、省市制定的具体政策草稿，涉及遣返遗留、上山下乡、城市私有房产、平反后的工资工龄、成分出身、户口等近十个具有普遍性的政策问题。这些政策文件为大规模平反运动确立了标准和政策依据，对于十一届三中全会后拨乱反正、平反冤假错案、落实各项政策并解决实际问题发挥了很大作用。

9 月 25 日，胡耀邦在会上针对“两个凡是”，针锋相对地提出了“两个不管”的鲜明观点，即判断对干部的定性和处理是否正确，根本的依据是事实。经过对实际情况的调查核实，分析研究，凡是不实之词，凡是不正确的结论和处理，不管是什么时候、什么情况下搞的，不管是哪一级组织、什么人定的、批的，都要实事求是地改正过来。① 但是，会议简报将“两个不管”内容删得一字不剩。后来，在中央组织部的《组工通讯》发表了胡耀邦的讲话全文，才完全恢复了“两个不管”。②

第二次全国信访工作会议的召开和《关于中央各机关接待和处理人民来访分工的暂行规定（草稿）》制定，标志着信访制度的拨乱反正初见成效。当时思想路线仍然坚持“两个凡是”的原则，在老一辈革命家的推动下，平反冤假错案的工作取得了一定进展，一大批在“文化大革命”中被打倒的老干部得以在十一届三中全会前就走上了领导岗位。这是三中全会前的中央工作会议的代表成分之所以发生有利于党内正确力量的变化，党的马克思主义路线在这次会议上之所以重新确立的一个重要原因。③ 只有

---

① 中共中央文献研究室选编：《三中全会以来重要文献选编》上，人民出版社 1982 年版，第 430 页。

② 戴煌：《胡耀邦与平反冤假错案》，中国工人出版社 2004 年版，第 130—131 页。

③ 朱佳木：《我所知道的十一届三中全会》，当代中国出版社 2008 年版，第 51 页。

党和国家确立了正确的路线、方针和政策，信访工作才可能彻底拨乱反正，迈向制度化进程。

二、1978 年后信访工作的拨乱反正

1978 年，十一届三中全会作出把党的工作着重点“转移到社会主义现代化建设上来”，并围绕这一重大转变致力于法制的恢复、重建和发展，开创了中国法制建设的新时期。会议指出：“为了保障人民民主，必须加强社会主义法制，使民主制度化、法律化，使这种制度和法律具有稳定性、连续性和极大的权威，做到有法可依，有法必依，执法必严，违法必究。”① 随着第三次全国信访工作会议的召开和《党政机关信访工作暂行条例（草案)》的试行，信访制度建设也开始迅速步入恢复发展的轨道。

（一）十一届三中全会后的信访形势

1978 年 12 月，党的十一届三中全会召开，重新确立了实事求是的思想路线，党和国家的工作中心转移到经济建设上来，信访制度建设也开始步入迅速恢复发展的轨道。1979 年 1 月 26 日，《中共中央纪律检查委员会第一次全体会议通告》要求广大党员、干部为端正党风和社会风气的好转而努力，使落实政策、平反冤假错案工作善始善终，特别强调要“认真做好来信来访工作”，“对群众揭发、申诉和控告，要认真处理”。② 那些曾经被掩盖的冤屈者看到了希望，强烈要求迅速解决“文化大革命”和历史上的遗留问题，来信来访数量猛增，出现了越级上访多、重复信访比例大的态势。

---

① 中共中央文献研究室选编：《三中全会以来重要文献选编》上，人民出版社 1982 年版，第 11 页。

② 《人民日报》，1979 年 3 月 25 日。

1979 年至 1981 年出现了新中国成立以来从未有过的来信数量最多、上访人数最多的现象。1978 年为信访高潮序幕，1979 年为高峰，1981 年为高潮尾声。1977 年国务院办公室受理来信 18 万余件，1978 年为 51 万余件。1979 年中央联合接待室接待来访 18 万余人次，是 1978 年同期的 2 倍多，其中重复来访占 1/3；中共中央办公厅和国务院办公厅共受理来信 108 万余件，其中国务院办公厅为 57.1 万件，创历史最高纪录。中纪委受理信访 30 万件次，也属前所未有。1979 年后信访量在波动中回落，1980 年国务院办公厅受理信访 38.5 万件次，1981 年受理 40.6610 万件次①。中央其他部委受理的来信来访数量也都有较大幅度增长，不少省、地、县机关年受理来信来访总数超过百万件次。

同时，大批上访人涌向北京，出现了到长安街游行，到中南海新华门静坐等越轨行为，在北京和许多省会城市，均多次出现了规模较大的上访高潮。1979 年 8、9 月份，到北京上访的平均每天达 700 多人，在京滞留的最多时近万人。② 许多省、自治区、直辖市也都出现类似现象，甚至有的来访人在机关门前静坐、冲击机关，强烈要求落实政策。

（二）新形势下信访制度的完善

为了迅速化解信访高峰，重建社会公共秩序和纠正冤假错案，中共中央、国务院及时作出了指示，要求按照十一届三中全会的精神，处理好上访人员的问题，抓紧落实党的各项政策，信访制度建设也开始逐步推进。

一是健全信访工作机构

---

① 刁杰成：《人民信访史略》，北京经济学院出版社 1996 年版，第 230、272 页。

② 中共中央办公厅、国务院办公厅信访局编：《全国信访工作会议资料汇编》（内部资料），1989 年印，第 416 页。

1978年10月，中央组织部等五部联合组成复查改正右派工作办公室，领导全国改正工作事宜。1979年8月30日，中央决定成立中央机关处理上访问题领导小组，由中央宣传部、公安部、民政部、最高人民检察院和中国人民解放军总政治部各出1位负责人为领导小组成员，从中央机关抽调1000名干部，分三批赶赴各省、自治区、直辖市，协助处理上访工作。其后仅1个多月，国家机关和各省市区陆续成立信访工作领导小组，地、市、县也随之成立了信访工作领导小组，均由领导同志组成。据统计，全国约抽调了20万干部和中央机关的千人检查组一同深入到基层，解决上访人的要求和问题，其声势之浩大和解决问题之多都是前所未有的。

1980年9月，经中共中央、国务院批准，撤销中共中央办公厅和国务院办公厅人民来访联合接待室，中共中央办公厅、全国人大常委会办公厅和国务院办公厅分别成立人民来访接待机构。全国人大常委会办公厅1978年所设信访组于1981年更名为信访室。有些中央业务部门对本系统省、地、县业务部门的信访干部配备问题，进行了调整，帮助建立了一支懂得本专业工作的信访队伍，如，铁路、公安等部门都建立了本系统信访网络。根据形势的变化，各地信访机构也做了相应的调整。如，黑龙江省委、省政府根据实际情况，将省信访处改为党政合一的局级信访室，编制80人，各地、市、县也先后成立了党政合一的信访机构；全省县以上党政机关配备了764名专职信访干部，科级以上干部占总人数的47%。山东省的县以上党政机关1978年有信访干部542人，到1981年增加到1078人；全省2016个公社，有661个公社配备了专职信访干部，共999人；有30多个县建立了三级信访网。①

1982 年《党政机关信访工作暂行条例（草案）》规定：各级党政机关，要按照方便群众、有利工作和机构精干的原则，建立健全信访工作机构。要求党中央、国务院分别在它的办公厅设立信访局；其他省级党委和政府、地区级党委和政府、县级党委政府以及地区级以上的党政机关所属各部门和相当于县一级的企事业单位，根据实际情况，设立相应的信访工作机构或配备专职信访干部；县级以下的企事业单位和人民公社，可配备专职或兼职信访干部。②

二是制定法令及指导性政策文件

为了全面贯彻党的十一届三中全会精神，根据信访部门提供的情况，党中央、国务院和各省、自治区、直辖市的党委、政府先后制定了许多具体政策及法令文件，或对某些问题明确了处理原则，为成批解决问题提供了依据。1979—1982 年，中共中央、国务院和各省制定和转发的有关信访方面的文件法令累计达数百件。

三年来，党政机关制定颁发的信访工作法令文件有以下几种：（1）信访工作条例：《各级党委组织部门处理来信来访工作暂行条例》（中组发〔1980 年〕13 号）、《党政机关信访工作暂行条例（草案）》（国办发〔1982 年〕29 号）、中共中央办公厅转发《中共河南省委关于加强信访工作的决定》的通知（中办发〔1981 年〕35 号）；（2）信访工作秩序：1981 年 5 月 17 日发出《中共中央办公厅关于防止和纠正对人民群众来信来访进行打

① 刁杰成：《人民信访史略》，北京经济学院出版社 1996 年版，第 252—253 页。

② 国办发〔1982 年〕29 号，商业部办公厅编：《信访工作政策选编》（内部发行）1987 年。

击报复问题的通知》（厅（信）发〔1981〕22号）、《国务院关于维护信访工作秩序的几项规定》（国发〔1980年〕214号）、中共中央办公厅转发山东省委《关于解决少数人长期纠缠取闹问题的情况报告》（中办发〔1981年〕23号）；（3）信访办理制度：中共中央办公厅、全国人大常委会办公厅和国务院办公厅于1980年7月共同制定《关于中央各部门归口分工接待群众来访的暂行办法》，对信访涉及的问题按来访人所属系统或反映问题的性质，归口由中共中央和国务院各有关部门接谈处理。

与此同时，各省制定的政策文件更多，有的是根据中央文件精神，制定具体实施办法；有的是结合本省的情况，制定政策。如，湖北省根据人民来信来访提出的问题，省委召开专门会议，制定了《关于处理若干政策问题的试行意见》，对有关“文化大革命”中11个方面的问题作出了相应的规定。浙江省先后发布了《关于精减职工户粮遗留问题》《精减老职工的困难补助问题》《落实城镇私房政策问题》等8个文件。

三是修复和完善信访运行机制

分级分工，归口办理。1978年，《关于中央各机关接待和处理人民来访分工的暂行规定》颁布执行，根据人民来访的新情况和中央各机关机构变动的情况，对中央机关接待和处理人民来访进行分工。① 这个规定比1973年的意见②要完善、详细，和1963年的“归口规定”③ 基本相同。1980年7月17日，中共中央办

① 中共中央办公厅、国务院办公厅信访局编：《全国信访工作会议资料汇编》（内部资料），1989年印，第391页。

② 国务院办公室和有关部门制定：《关于中央党政军机关各部门归口接待来访群众的几点意见（试行）》。

③ 中共中央办公厅、国务院秘书厅制定：《关于中央机关接待和处理人民来访的几项规定》（1963年8月10日）。

公厅、全国人大常委会办公厅和国务院办公厅联名印发《关于中央各部门归口分工接待群众来访的暂行办法》。国办发〔1982年〕29 号《党政机关信访工作暂行条例（草案）》规定："处理人民群众来信来访，实行按地区、按系统分级分工，归口办理的工作责任制"，对于"涉及到几个部门、情况又比较复杂的信访问题，应由党委或政府负责同志组织有关单位联合办理"，至于"中央、国家机关各部门所属企事业单位，同当地党政机关处理意见不一致的信访问题，原则上由当地党委或政府出面主持，会商办理"。贯彻"分级负责、归口办理"的原则，既发挥了中央与地方各级党政机关的积极性，又发挥了各级业务部门的积极性，调动更多的人深入基层，结合业务工作，处理信访案件。

下访制度。这几年信访工作的一个特点是"变上访为下访"，由各级领导机关派出大批干部深入基层，主动研究和解决实际问题。如，中央机关千人检查组和省、地、县的同志一道深入到基层，把来访群众带回基层。为了更好地、妥善地、迅速地解决来访人的问题，各省（自治区、直辖市）、地、市、县都抽调大批干部组成检查组或工作组到基层，甚至到来访人家中，做思想工作，处理具体问题。据不完全统计，辽宁、山东、河北等省各抽调万余名干部；天津、吉林、四川等省、市各抽调 7000 多人；河南省抽调 5000 多人；江西省抽调 2800 多人；湖南省抽调 1100 多人。与此同时，还抽调大批干部充实到各级信访部门，加强了日常信访问题的处理工作，上下形成了一个整体，工作通畅。上级交办的案件，下级有人接受；下级的工作得到了上级的支持，工作起来步调一致，紧密配合。这样有利于将来访人稳定在基层，加快问题的处理。一些群众激动地说："过去花钱上访，又误工，又找不到人，解决不了问题。现在坐在家里，就有人上门来解决问题。"认为这可是新鲜事。

维护信访秩序。1980 年 1 月，中央机关处理上访问题领导小组邀请问题比较突出的河南、河北、山东、山西和东北三省 7 个省信访工作领导小组和公安部、民政部及信访部门的负责人重点研究部署处理重复访问题，要求采取“抓两头，带中间”的办法。两头是指顶着不办和无理取闹。维护信访秩序主要是排除两方面的干扰：一是顶着不办和打击报复；二是无理取闹和诬告。1980 年 3 月，中组部颁发《各级党委组织部门处理来信来访工作暂行条例》规定：对于应该解决而顶着不办的要批评教育，拒不改正的要严肃处理；第十五条规定：对于搞打击报复的，一定追究责任，严肃处理，情节恶劣者，要给予党纪国法的制裁。1981 年 5 月 17 日发出的《中共中央办公厅关于防止和纠正对人民群众来信来访进行打击报复问题的通知》亦作相似规定：在防止和纠正进行打击报复的同时，要警惕“利用人民群众来信来访进行诬陷、诬告的现象发生”，经过查证核实，对“蓄意诬告和无理取闹的要严肃处理”。中共中央办公厅转发山东省委《关于解决少数人长期纠缠取闹问题的情况报告》，希望各地区、各部门也能像山东省委一样，抓抓这个问题，并且持续地抓下去。①

1980 年国务院颁布了《关于维护信访秩序的几项规定》，要求来访人员务必遵守国家的法令、政策和信访规章制度，对于已经做了处理而赖着不走的信访人，送交民政部门进行收容遣返；对于伪造材料、冲击机关、强占接待室、拦截汽车、破坏公物、串联来访人员闹事和殴打工作人员的违法分子，由公安机关依法处理。1982 年国务院颁布了《城市流浪乞讨人员收容遣送办法》，驱逐城市中流浪人员，但很快这项制度就被扩大化了，收容遣送的对象包括上访者以及外来劳工。1983 年底，国务院办公

① 商业部办公厅编：《信访工作政策选编》（内部发行），1987 年，第 1—18 页。

厅、中央信访部门、政法部门都专门颁发了关于认真处理长期滞留北京的上访人员的文件。通过制定管理办法，中央政府获得了司法权限以外的准司法权力，信访部门对异常上访人的收容遣返合法化、制度化，维护了信访秩序。

此外，领导负责制、办案责任制、报告制度、保密制度及信访登记、转办、交办、检查、催办、记录、立档、统计、总结、回报等等一系列信访制度得以迅速恢复，并逐步建立健全。

四是培训信访干部

十一届三中全会后，由于信访工作的发展，大批年轻同志充实到信访工作岗位，而他们的业务水平需要提高。同时，新情况、新问题不断增多，需要所有信访干部更新观念。

业务培训的方式是多种多样的：有的按业务系统进行专业培训，有的按地区（县）培训，有的以会代培。这些培训方式，各有特点，各有长处。按业务系统培训专业性较强，见效快。黑龙江省和辽宁省的供销社用专业培训的方式，培训了供销社系统的信访干部，收到了较好的效果，全国供销合作总社及时向全国供销系统推广。云南省委办公厅和省政府办公厅 1981 年联合举办了两期信访干部轮训班，轮训干部 285 人，主要是地、州、市、县党政部门和省级机关一些单位的信访干部。辽宁省针对信访部门新同志多、经验不足的情况，先后举办了 4 期信访干部培训班，培训了 160 多名骨干；各地还组织了 3500 多人参加信访业务学习，以弥补经验之不足。湖南、江西、安徽、河北等省也都办了各种类型的培训班，培训了大批信访专业干部。以会代培的形式，早就实行过，是结合某项政策、某个案件或上级有关新精神的传达，将信访干部召集起来，以开会的形式，进行传达、学习、讨论，可以收到“短平快”的效果。多数县喜欢采用这种方式。浙江省宁海县为了不断提高信访干部的政治和业务素质，县委对公社以上的信访干部，每年召开两次信访会议，用以会代培的方式，进行政治思想教育和业务培训。

经过培训，在全国建立起了一支党性强、作风好、坚持原则、肯负责、工作积极、懂政策、懂信访业务、全心全意为人民服务的信访干部队伍，他们在信访第一线，努力为群众分忧解难，为社会主义事业而勤奋工作。

（三）第三次全国信访工作会议的召开和《党政机关信访工作暂行条例（草案）》的试行

从1979年至1981年的三年中，全国信访形势发生了很大变化，“来信数量之多，是建国以来之最；上访人数之多，是建国以来之最；投入处理上访问题的人数之多，是建国以来之最；解决问题之多，是建国以来之最”。①这些之“最”，不仅记录着信访部门的大事，也记录着党和国家政治生活中的大事，是十一届三中全会正确的政治路线带来的重要成果。截至1981年，信访高潮接近平息，信访数量已经接近正常年份，而这几年间信访战线上发生了很多翻天覆地的变化，在此背景下需要对以前的信访工作进行回顾，对以后的信访形势进行展望，对未来一个时期内的信访工作制定原则、方向和制度，第三次全国信访工作会议就此召开了。

中共中央办公厅和国务院办公厅于1982年2月22—27日，在北京国务院第一招待所召开第三次全国信访工作会议。这次会议的议题是：分析十一届三中全会以来全国的信访工作形势，总结和交流工作经验，进一步提高对信访工作的认识；明确今后的主要任务，研究加强信访工作的措施。会议充分肯定了三年来信

① 刁杰成：《人民信访史略》，北京经济学院出版社1996年版，第261页。

访工作在拨乱反正、落实政策、平反冤假错案工作中的主要作用。同时，实事求是地提出了工作中存在的问题和改进加强工作的意见。会议期间，中央书记处听取了会议情况的汇报，作了重要指示，明确了“积极主动、因地制宜、量力而行、积极稳妥”地解决历史遗留问题的重要方针。会后，中共中央办公厅、国务院办公厅转发了《当前信访工作形势和今后的任务》和《党政机关信访工作暂行条例（草案）》。①

1982 年颁布的《党政机关信访工作暂行条例（草案）》是信访制度化历程中的重要节点。严格意义上讲，《党政机关信访工作暂行条例（草案）》仅仅是个文件，是中央办公厅和国务院办公厅联合下发的规范性文件，不是国务院总理令，也不是行政法规②，但即便是这样一个文件也经历了漫长历程。1962 年 10 月 5 日，国务院秘书厅制定《国家机关处理人民来信和接待人民来访工作条例（草稿）》，将信访工作中许多成功的经验和方法，用条例的形式肯定下来，规定具体，时代性较强，已具有信访条例的雏形，具有开创性。但“文化大革命”的到来，使得这项立法工作不得不中断。在第二次全国信访工作会议上和中央机关处理上访问题领导小组工作期间，讨论过制定信访条例的话题，但终因立法技术、立法环境、立法理念不成熟而拖延。第三次全国信访工作会议上拿出了这个暂行条例并以文件的形式印发各地试行，应该说是信访制度化历程中的重要节点。

《党政机关信访工作暂行条例（草案）》共分 6 章 21 条，在总则里规定“按照党和国家的方针、政策、法律、法令”办理信

---

① 中共中央办公厅、国务院办公厅信访局编：《全国信访工作会议资料汇编》（内部资料），1989 年印，第 399—400 页。

② 一是这个条例是以中共中央办公厅和国务院办公厅的名义转发的文件；二是行政法规只能由政府制定、颁发，而不能是党政机关联合颁布。

访，明确了“分级负责、归口办理”“依法办信访”“件件有着落、有结果”的原则，规定了县以上各级党政机关都必须设置信访机构，使信访机构成为党政部门的一个常设部门，信访工作成为一项经常性的工作；还确立了党政机关信访工作人员的基本行为守则①，推进了信访工作的专职化和专业化。由于当时信访工作几乎无法可依，暂行条例实际上担当了行政法规的角色，具有相当的约束力和强制力，在1982年到1995年的13年间支撑着信访制度的有效运作。这部准行政法规已经具备了信访条例的雏形，为1995年信访条例的制定提供了宝贵的立法经验，推进了信访工作的制度化和法制化发展。

三、发挥重要作用的信访工作

十一届三中全会后，在各级党委和政府的领导下，各级信访部门坚持实事求是的原则，积极平反冤假错案。1979年10月22日，《人民日报》发表了评论员文章《正确对待上访问题》。到1982年底，全国大规模的平反冤假错案工作基本结束。这期间全国共纠正了约300万名干部的冤假错案，47万多名共产党员恢复了党籍，重新走上工作岗位或担任新的领导职务。②

1982年，第三次全国信访工作会议审议通过了《当前信访工作的形势和任务》的文件，中共中央办公厅、国务院办公厅会后予以转发并指出：据河南、湖北等14个省、市、自治区不完全统计，三年来得到平反昭雪、落实政策和解决实际问题的约800万人。目前，来信来访的数量有显著减少，大量群众上访的

---

① 商业部办公厅编：《信访工作政策选编》（内部发行），1987年，第16—20页。

② 《中国共产党简史》，人民出版社、中共党史出版社2021年版，第226页。

被动局面已初步扭转。1981 年，人民群众给党中央的来信比 1979 年减少了近 1/5；给国务院的来信减少了一半；到北京上访的 9 万多人，比 1979 年的 18 万人减少了一半。在京滞留的由 1979 年最多时近万人，减少到目前的一千四五百人，而且多数是上访老户。各省、市、自治区的信访量也大幅度下降。不少地方已基本上做到了无积案。① 1982 年 8 月 28 日，《人民日报》第 1 版用大幅标题“平反冤假错案、落实党的政策、促进安定团结，全党信访工作发挥重要作用，三年来上访人数显著减少，人民来信反映党风以及有关四化建设的意见和建议所占比例逐年增加”报道了十一届三中全会以来的信访治理状况，并指出“三年来，全党信访工作承担的任务之重，投入力量之大，联系人民群众之广，解决问题之多，是过去所没有的”。

大规模冤假错案的平反昭雪，人民群众实际问题的解决，为端正党风、改善党群关系、促进和发展安定团结的政治局面，推动社会主义现代化建设，发挥了重要作用。由于“文化大革命”中受冲击的人很多，历次政治运动中遗留的问题不少，很难在这几年中解决如此多的问题，再加上思想认识上的不平衡，不同地区也存在一些差异。

四、信访工作制度化转型的阶段性特征

党的十一届三中全会前后六年里，是信访的辉煌时期，信访工作处于国家政治生活中心位置，春风化雨，多年冤案平反昭雪；信访制度恢复发展，各项建设卓有成效，信访工作开始步入法制化制度化规范化建设轨道。但这一阶段仍属于信访制度建设

① 中共中央办公厅、国务院办公厅信访局编：《全国信访工作会议资料汇编》（内部资料），1989 年印，第 417 页。

的过渡时期、转型时期，其阶段性的缺陷与不足仍无法避免。

（一）信访工作地位：处于党政权威的从属地位，信访机构仍未成为独立的职能部门

信访机构成立之初即是从属于领导的办事机构，要按照领导的要求办理信访事项，为领导处理信访事务提供服务，它不具备机构权威，依托的是领导的行政权威。十一届三中全会前后，信访工作逐步成为全社会瞩目的中心，信访机构的设立越来越趋向于职能化。但是，信访工作的有效开展，平反冤假错案的顺利进行，主要靠的是党政领导人直接负责信访工作。这一时期最有效力的信访机构是中央及地方各级信访工作领导小组，而各级信访工作领导小组均由领导同志组成。严峻的信访形势对信访工作的迫切要求、党政领导的重视、所有党政机关的全力投入，共同成就了此一时期信访工作的辉煌业绩。

信访形势的轻重缓急，决定于党政权威的重视程度，而党政权威的重视程度，又最终决定信访工作在该时期的地位高低。像这样大规模抽调干部，由中央成立调查组或者检查组直接插手基层的公共事务，是一种运动式的应急之举和超常举措。中央调查组扮演了一个完满的“清官”形象，以前只有在戏曲中传唱的《铡美案》和《杨三姐告状》中的情形在现实中再次上演。只不过不同的是，这次“扮演青天的不是某个具体的开封府的包老爷或天津都督府的大帅，而是中共中央，一个抽象而又亲切的存在”。① 从目前的发展趋势看，将维系在党政领导权威之上的信访机构独立出来，成为独立的职能部门，赋予其解决社会矛盾纠纷的一定职权，将成为未来信访制度的一种可能出路。

---

① 李宏勃：《法制现代化进程中的人民信访》，清华大学出版社 2007 年版，第 80 页。

（二）信访运行机制：主要依赖的依然是政策、文件、批示，法制化仅是一个不甚清晰的开始

法律规范是制度安排的主体，它直接规定着程序设计、机构设置、人员配备等一系列制度构件，其制定者应是人大与政府；而此一时期，起着法律规范作用的依然是各级党委和政府制定的政策、法令、法规与领导人的批示。十一届三中全会后的短短三年，党中央、国务院和各省、自治区、直辖市的党委、政府先后制定了许多具体政策及法令文件，或对某些问题明确了处理原则，为成批解决问题提供了依据。《党政机关信访工作暂行条例（草案）》的颁布应该说是信访制度化历程中的重要节点。暂行条例实际上担当了行政法规的角色，具有相当的约束力和强制力。这部准行政法规已经具备了信访条例的雏形，虽然无法从根本上约束信访表达的无序和信访行政行为的失范，但是它毕竟体现了将信访活动规范的法治化努力，为后来制定信访条例提供了宝贵的立法经验，昭示着信访制度发展的方向和必然路径。

（三）发展轨迹：党和政府应对民众需求的一种制度响应

新中国成立后信访规则的制定、完善和调整基本上是在民众积极参与信访和信访洪峰后发生的，是党和政府对于民众需求的一种被动性的制度响应。十一届三中全会前后，党和国家集中大量的人力和物力，全力投入信访治理之中，正是对新中国成立 30 年来最大规模上访洪峰严峻形势的紧急应对。总之，新中国成立后的信访规则变迁是在一种被动的姿态下完成的，这种变迁路径具有消极性和保守性，而不具备足够的前瞻性和创新性，使信访规则一出台便可能落后于信访形势发展，出现信访问题解释上的盲区，从而失去化解信访矛盾的话语权。

六年来，信访工作虽然已取得了很大成绩，但是面临的任务仍然很重。当前，我国已进入新的历史时期，信访工作面临着新的任务，即：努力把信访工作这件大事办得更好、更有成效，为建设社会主义物质文明和精神文明作出新的贡献。1980 年意大利记者奥琳埃娜 · 法拉奇曾问邓小平同志，如何避免类似“文化大革命”那样的错误？邓小平说：“我们现在正在研究避免重复这种现象，准备从改革制度着手。……现在我们要认真建立社会主义的民主制度和社会主义法制。只有这样，才能解决问题。”① 1982 年 2 月 21—28 日，第三次全国信访工作会议审议修改《当前的信访工作形势和今后的任务》指出，各级信访部门要“充分发挥人民来信来访对党和政府的工作及其工作人员的监督作用，大力促进党风和社会风气的改善，以适应建设社会主义物质文明和精神文明的需要”；同时，要教育“广大群众，接受党的政策，遵纪守法，正确行使民主权利，以维护社会秩序、工作秩序和生产秩序”。②

---

① 《答意大利记者奥林埃娜 · 法拉奇问》（1980 年 8 月 21 日、23 日），《邓小平文选》第 2 卷，人民出版社 1994 年第 2 版，第 348 页。

② 《人民日报》1982 年 8 月 28 日。

第五章　第一部《信访条例》的制定和实施（1983—1995 年）

改革开放以来，国家的政治生活逐步走上正轨，中央提出社会治安综合治理的宏观政策，信访被纳入社会综合治理系统，安定团结成为信访工作的核心主题，信访制度的功能重新定位于为经济建设和改革开放服务。从 1982 年第三次全国信访工作会议到 1995 年第四次全国信访工作会议，这一时期是社会转型和经济转轨的启动阶段，随着《信访条例》制定颁布实施，信访制度建设步入法制化、制度化和规范化轨道，开创了信访工作体制新局面。

一、为经济建设和改革开放服务

随着国家政治、经济形势的迅速好转和各项政策的逐步落实，信访内容发生了很大变化，要求平反冤假错案的来信来访在数量上已明显减少，关于改革和“四化”建设的建议日益增多。据不完全统计，从 1982 年至 1986 年，中央办公厅、全国人大常委会办公厅、国务院办公厅、中纪委、最高法院和 29 个省、区、市党委，以及人大常委会、政府的信访部门，共受理群众来信来访 1200 万件（次），做了大量的工作，解决了大量的问题。据各地信访部门不完全统计，有 700 多万人的政治、经济等方面的问题得到了适当的处理，落实了政策。来信来访的内容也发生了较大的变化，申诉类案件占信访总量的比例，已由1982年的80%，降到1986年的30%。[①] 要求落实政策的来信来访人员，多数在政治上已得到平反，主要是要求解决善后问题。从1993年开始，全国信访量呈陡涨趋势，形成又一个上访高峰。这一时期，常年在北京滞留的上访人员有1000多人。其中还有少数无理取闹的人，他们在北京经常拦领导同志的车，在新华门、人民大会堂和领导同志的住处闹事，影响不好。维护首都社会秩序是个政治问题。[②] 据国家信访局统计，1995年全国县以上党政机关受理信访479万件次，比1994年上升13.1%。[③] 在农村，1990年以来农民收入增长缓慢，农民负担日趋沉重，农村经济形势不景气，农民对政策的满意程度大幅下降，农村干群关系比较紧张，大多表现为一种情绪，主要针对乡村两级，具有非对抗性、区域性、限于经济要求的特点。

另一个变化是人民群众参政议政和行使监督权的信访量增多。据中央信访部门统计，检举、揭发信件占信访总量的比例，已由1982年的6%，上升到1986年的12%。据中央有关部门和一些地方统计，在处理违法乱纪案件中，通过信访部门反映的占80%。[④] 1991年12月，中国政法大学政治系几位同学致信中央领导就加强大学生思想政治工作提出意见，建议在每年大学生毕业之际，中央领导同志会见应届大学毕业生。中央办公厅、国务

① 中共中央办公厅、国务院办公厅信访局编：《全国信访工作会议资料汇编》(内部资料)，1989年印，第584页。

② 《田纪云同志在部分省、区、市和部门信访工作座谈会上的讲话》(1987年3月17日)，载中共中央办公厅、国务院办公厅信访局编：《信访工作资料选编》(12)，1988年，第9页。

③ 周占顺：《关于当前信访工作情况的通报》，载《人民信访》2001年第7期。

④ 中共中央办公厅、国务院办公厅信访局编：《全国信访工作会议资料汇编》(内部资料)，1989年印，第583—585页。

院办公厅信访局将来信摘报上送给江泽民，江泽民批示："这个建议是很好的，请注意安排。"① 人民群众写信或上访，向有关组织反映他们的要求、愿望、情绪，甚至提出批评、建议、意见、申诉，是人民群众参政议政的表现。

改革开放以来，人们思想解放，经济建设快速发展，随之而来出现了许多前所未有的新情况、新矛盾、新信息。信访渠道是连接社会各个方面的敏感神经，如何运用这个渠道将社情民意输送到中央，用于精神文明及物质文明建设，是信访部门面临的新课题。随着信访形势的变化，信访制度的功能逐渐有了明确的定位：为促进改革开放和经济建设服务。

1986 年 3 月 12 日，中共中央办公厅和国务院办公厅联合颁发的《关于加强信访工作的通知》指出，当前信访工作担负的主要任务，一是处理信访中的历史遗留问题和现实问题，为群众排忧解难；二是反映和查处所揭露的不正之风等案件；三是向各级领导机关反映社情民意，为党的中心工作服务。并指出："信访工作是党和政府密切联系群众的桥梁，也是党和政府制定政策和领导经济建设的一个重要的信息渠道"，信访工作"不是可有可无，而是各级党政机关必不可少的一项长期、重要的工作"，信访部门是"各级党政领导机关的一个重要的工作部门"。② 1986 年 5 月，中共中央办公厅、全国人大常委会办公厅和国务院办公厅召开了全国信访工作座谈会，中央政治局委员、中央书记处书记习仲勋指出"我们要根据党的路线、国家的任务，把信访工作建设、加强好"，做信访工作的同志"要努力为'七五'计划服

① 中共中央办公厅、国务院办公厅信访局编：《中国信访写真》，中国工人出版社 1998 年版，第 34 页。

② 商业部办公厅编：《信访工作政策选编》（内部发行），1987 年，第 37—38 页。

务，为改革服务”。[①]

1989年春夏之交，在北京发生了一场严重的政治风波。同年11月19日，中共中央办公厅、国务院办公厅发出《关于进一步加强信访工作的通知》，肯定了信访工作的重要地位。根据风波之后的实际情况，通知指出应做好下列几项工作：第一，信访工作的重心是做好稳定工作，维护安定团结的大好局面；第二，要十分重视群众来信，充分发挥群众的监督作用，协助党和政府加强廉政建设，促进党风社会风气继续好转；第三，要按照国家的法律、有关规定和党的政策，转请有关职能部门妥善处理群众来信来访反映的实际问题，对提出不符合政策法律、规定的要求的群众要耐心细致地做好思想工作，使其能正确对待。[②] 政治风波之后，关键的是维护社会的政治稳定，信访工作必须服从和服务于这个大局，正如邓小平所指出的：“中国的问题，压倒一切的是需要稳定。没有稳定的环境，什么都搞不成，已经取得的成果也会失掉。”[③] 政治风波的发生与当时的党风不正以及党内腐败问题密切相关，因此要维护党的执政地位，保持国家的长治久安，就要发挥信访制度的监督作用，积极解决民众的信访诉求。1989年8月，十省市信访局局长、信访办公室主任会议上，传达了中共中央总书记江泽民对信访工作的意见：

> 信访工作是我们党和政府发扬民主、体察民情、联系群众的重要渠道。当前，为了更好地贯彻党的十三届

---

① 《习仲勋在全国信访工作座谈会上的讲话》（1986年5月21日），载中共中央办公厅、国务院办公厅信访局编：《全国信访工作会议资料汇编》，1989年，第580页。

② 《党务工作文件选编（1988.5—1992.5）》，辽宁人民出版社1992年版，第1483—1484页。

③ 《邓小平文选》第3卷，人民出版社1993年版，第284页。

> 四中全会精神，各级党委和政府要切实加强对信访工作的领导，使其在加强社会主义民主与法制的建设、密切党和政府与人民群众的关系中，发挥更大的作用。①

1990 年 3 月，党的十三届六中全会审议通过《中共中央关于加强党同人民群众联系的决定》，提出今后必须从七个方面坚持不懈地努力加强党同人民群众的联系，特别强调人民来信来访工作的重要性，“各级党组织要十分重视群众来信来访。对于群众反映的情况，要认真研究分析，区别情况，正确处理。”② 在党政改革、机构精简过程中，1995 年 10 月 30 日至 11 月 2 日，第四次全国信访工作会议召开，明确在建立社会主义市场经济体制新时期信访工作面临的任务，提出改进和加强信访工作的措施，强调信访工作必须服从服务于全党全国工作大局，在正确处理改革发展稳定三者关系中发挥应有的作用，为建设中国特色社会主义事业作出新的更大的贡献。

二、创建信访工作体制新局面

1982 年，中共中央办公厅、国务院办公厅分别设立信访局。1985 年，全国人大常委会办公厅信访室改为信访局。为了整合资源，便利协调，提高效率，解决交叉、重复、对下多头指导等问题，1986 年 11 月 29 日，中共中央办公厅信访局和国务院办公厅信访局合并。在党政改革、机构精简过程中，各级党委、政府贯彻第四次全国信访工作会议关于“信访工作只能加强，不能削弱”的要求，进一步明确了信访工作机构的职能，并着力加强机

① 《人民日报》1989 年 8 月 21 日，第 1 版。

② 《十三大以来重要文献选编》中，人民出版社 1991 年版，第 935 页。

构和队伍建设。据不完全统计，到1986年5月，全国从事信访工作的干部，中央、国家机关1100人，各省、地、县21000多人；全国纪检部门有6000多人；全国法院系统有5500多人，总计33000多人。[①] 20世纪90年代初，29个省级信访机构有13个称信访办公室，8个称信访处，余者称信访局，15个省份为党政合署办公。各级信访部门面对改革开放以来出现的新问题、新情况，积极探讨、开拓创新，开创了信访工作体制新局面。

（一）信访办理新形式、新问题

归口分工。由于中央有些部门机构的调整及业务范围的变化，经中共中央办公厅、全国人大常委会办公厅、国务院办公厅、中央军委办公厅等有关部门共同研究，对《关于中央各部门归口分工接待群众来访的暂行办法》（中办发〔1980〕52号）作了相应修改。1985年2月5日，修改后的《中央各部门归口分工接待群众来访办法》正式下发，由原来的22条增加到32条，责任主体和分流系统的划分更加严细和明确。1991年5月，中共中央办公厅、全国人大常委会办公厅和国务院办公厅针对中央和国家机关一些机构的较大调整和业务范围的变化，再次修订，由原来的32条调整为26条，进一步明确了信访问题归口分工的责任。同时规定，在京盲流、精神病患者，由北京市公安局处理；麻风病等传染病患者，由北京市卫生局处理；从外地来京，投亲不遇或遭受意外损失，要求救济或资助返回原住地的，由北京市民政局处理。未列入的问题，均按来访人反映问题的性质或所属

---

① 中共中央办公厅、国务院办公厅信访局编：《全国信访工作会议资料汇编》（内部资料），1989年印，第585页。

系统分别归口中央有关部门接谈处理。①

匿名信处理。新中国成立以来，匿名信较多的一个时期是在1957 年反右派运动以来的几年内。20 世纪 80 年代中期，匿名信数量再一次增长。据统计，在纪委系统收到的揭发、检举、控告信件中，匿名信约占 1/4，有的省、市占 30%，有的高达 50% 以上。越是反映高级干部的问题，匿名信的比例越大。据中纪委信访室 1986 年 1 至 4 月的统计，反映中央党、政、军机关司局级干部问题的来信，匿名信占 81%。② 匿名信之所以一直存在并时有反弹，是和信访制度直接关联的。信访制度中一个根本的原则是“归口管理、分级负责”，然而，在层层转办的过程中，揭发控告的材料最终可能又转到被揭发控告者本人的手里。中纪委就此专门发文：“严禁任何组织和个人将检举、控告信转给被检举、控告人处理，坚决保护党员和人民群众的民主权利。”③ 1986 年 9 月 16 日和 11 月 13 日，《人民日报》分别发表了署名文章：《对匿名信要审慎分析区别对待》《对匿名信要一分为二》。1987 年 3 月 2 日，中共中央纪律检查委员会发布了《对于匿名信处理的意见》，提出应提倡实名来信，但要杜绝匿名则根本不现实。应该对匿名信给予应有的重视，不能对其揭发的问题一概不查。最后，对匿名信应区别对待，揭发有重要内容的应先核实再决定是否查处，而对内容反动、恶毒攻击的，则可交公安机关处理。④

涉外信处理。改革开放以来，随着国际交往的扩大，涉外信

① 中共中央办公厅、国务院办公厅信访局编：《信访工作资料选编》（16），1992 年，第 108 页。

② 中共中央纪律检查委员会：《对于匿名信处理的意见》（1987 年 3 月 2 日）。

③ 《中央纪律检查委员会关于认真处理群众来信来访的通知》（中纪发〔1984〕11 号），载商业部办公厅编：《信访工作政策选编》（内部发行），1987 年，第 28 页。

④ 中共中央办公厅、国务院办公厅信访局编：《信访工作资料选编》（12），1988 年，第 1—4 页。

件逐年增多，内容涉及政治、经济、科学文化、国际合作，以及落实政策和出入境等。信访工作的涉外活动，还表现在卓有成效地、妥善地办理涉外信访中的具体问题。① 1990 年 3 月 8 日，美国加利福尼亚州州立综合大学文学院政治系九位学生写信给江泽民总书记，对我国的某些事情表示关切，希望进行探讨。中共中央办公厅、国务院办公厅信访局报送江泽民，江泽民亲自复信，谈了海外人士关心的有关中国的几个问题：关于中国实现现代化的社会力量；关于中国的政治体制改革；关于妇女和家庭问题；关于中美关系；关于社会主义前途问题；关于香港问题；关于台湾问题；关于环境问题等。② 收到复信的学生感到惊喜，说复信帮助他们更多地了解中国，增进了美中两国人民的理解和友谊。

试行逐级上访。20 世纪 80 年代初，有的省曾试行过这一办法。1992 年以来，新疆维吾尔自治区各级党政领导和信访部门为了把群众的信访问题及时化解在源头，主动加强了基层信访工作，使逐级上访制度的实行有了可靠保障。河南省两年来在全省由试行到全面推行逐级上访制度，取得了明显成效，基层信访工作得到加强，就地解决信访问题的能力提高，群众盲目越级上访的现象有所减少，上访秩序明显好转。③ 1994 年 8 月 8—14 日，中共中央办公厅、国务院办公厅批准的推行群众逐级上访制度座谈会在大庆召开。1995 年颁布的《信访条例》对逐级上访作出明确规定：信访人的信访事项应当向依法有权作出处理决定的有关行政机关或者其上一级行政机关提出（第 10 条），信访人未依照本条例第 10 条的规定而直接到上级行政机关走访的，信访工

---

① 《国务院办公厅关于认真及时处理国外来函来电问题的通知》（国办发〔1983〕72 号），载商务部办公厅编：《信访工作政策选编》，1987 年，第 20—22 页。

② 《人民日报》（海外版）1990 年 6 月 18 日。

③ 《人民日报》1995 年 12 月 30 日。

作机构应当告知其依照本条例第 10 条的规定提出（第 19 条）。

集体访增多的解决办法。1982 年以后，集体访规模越来越大，在京滞留时间长，处理难度大并出现重复上访。1983 年 9 月 26 日，中共中央办公厅信访局和国务院办公厅信访局作出《关于当前群众集体上访增多的情况和处理意见的报告》。同年 10 月 13 日，中共中央办公厅和国务院办公厅批转这一报告并提出四点具体意见。1986 年 9 月 20—24 日国务院办公厅信访局召集了北京、天津、河北、山西、辽宁等 13 个省市信访部门负责同志和公安部、铁道部有关部门负责同志，以及天津、沈阳两个劝阻站的同志参加处理群众集体上访座谈会。针对集体访增多的情况，会议认为：集体上访是难以绝对避免的，对集体上访不提倡、不赞成。处理群众上访尤其是集体访必须做好超前工作，将集体上访消除在萌芽状态，把问题解决在基层。一旦发生群众集体上访，就要及时妥善地处理，不能任其发展，特别对要到北京集体上访的，一定要千方百计做好工作，加以劝阻。1994 年 10 月 10—12 日，中共中央办公厅、国务院办公厅在北京召开集体访工作座谈会。1995 年《信访条例》第 12 条规定了集体上访推举代表原则，需要采用走访形式的，应当推选代表提出，代表人数不得超过 5 人。

文明接待。文明接待的核心是为人民服务，是解决上访，尤其是集体访问题的有效办法，受到了各地的重视。沈阳市政府办公厅信访处和皇姑区信访办公室推行文明接待，得到省信访办和中共中央办公厅、国务院办公厅信访局充分的肯定和必要的指导，辽宁省信访工作会议把这一做法推广到全省。1985 年 3 月 3—5 日，国务院办公厅信访局在沈阳市召开现场会，推广沈阳市信访部门文明接待群众来信来访的经验。① 截至当年底，全国有21个省、自治区、直辖市的90批、1042位领导和信访部门同志，到沈阳参观学习文明接待工作。沈阳市文明接待的经验生动丰富、实际可行、具体易学。具体做法是：一方面是对上访群众热情、和蔼、礼貌，创造和谐接待气氛，建立文明秩序和环境；另一方面是狠抓为群众解决实际问题，满足他们的正当要求。在文明接待活动的推动下，1985年沈阳市委、市政府两个信访处共受理人民来信来访54436件次，中央、国务院和省、市发函交办的案件1231件，至年末已办结1217件，结案率达到98.8%。②吉林省通化县根据中央提出搞好精神文明和物质文明建设的要求，学习其他行业"礼貌待客"的做法，把信访办公室办成"上访人之家"，总结出"六条要求""七个一样"的成功经验。③

文明接待是全心全意为人民服务思想的表现。搞好文明接待工作，对上，必须主动争取领导的支持；对下，必须敢于接受群众的监督。文明接待对改进信访接待工作、开创信访工作新局面、提高信访干部队伍思想水平和工作水平，适应新形势、新任务的要求，有着重要的作用。1988年2月，中共中央办公厅、国务院办公厅转发关于16省、市信访工作座谈会纪要指出，信访工作虽然成效显著但任务还很重，要研究社情民意，为群众实施民主监督创造方便条件。要求各级信访部门牢固树立人民当家作主的思想，文明接待，认真办信，保证信访渠道畅通，为群众提

① 《提倡文明接待群众来信来访，国务院办公厅信访局召开现场会推广沈阳市信访部门经验》，载《人民日报》1985年3月9日，第4版。

② 中共中央办公厅、国务院办公厅信访局编：《全国信访工作会议资料汇编》（内部资料），1989年印，第660、662、667页。

③ 六条要求：语言文明、接待热情、百问不烦、一视同仁、秉公办事、完全彻底；七个一样：大人小孩一个样、干部群众一个样、班上班下一个样、来信来访一个样、初访重访一个样、熟人生人一个样、批评和表扬一个样。

建议、诉委屈和实施民主监督创造方便条件。

（二）开拓信访信息汇集新渠道

在改革开放和经济建设中，重要信息每时每刻都在出现。为了能及时汇集、利用这些信息，各地区、各部门采取了许多有效的办法，改进和加强了信访信息工作。1986 年 3 月，中共中央办公厅、国务院办公厅在《关于加强信访工作的通知》中指出，信访部门应“向领导反映社情民意，特别是经济建设和改革中的情况、问题和建议，为党的中心工作服务”。①

许多中央机关和省召集信访部门的负责同志开会，专门研究信访信息的搜集、整理、输送和利用等问题。在反映信息和对政策反馈方面，改变此前“人民群众来信来访反映什么问题信访部门就向上级报送什么问题”这种“守株待兔”的办法，而变为主动走出机关进行搜集，开辟了各种新的途径，以汇集来自民间的各种信息。一是建立信息员制度；二是建立各种类型的信息联络网点；三是根据领导同志的指示或中心工作、突击性工作的需要，主动派人到有关地方和部门召开座谈会，了解对某一项中心工作的反映，进行调查研究，从中获取有重要价值的信息和反馈意见；四是根据来信提供的线索，到有关业务部门进行调查，将来信提供的信息向深度和广度发展，使反映的信息更为准确、全面。

提供信息，努力做到及时、准确、有用以及全面情况定期反映，倾向性问题重点反映，苗头性问题及时反映。据江苏、福建、广东、辽宁、云南、浙江、河南、湖南、湖北、黑龙江、四川、内蒙古、新疆等省、自治区和商业部、航天部、化工部、文

① 商业部办公厅编：《信访工作政策选编》（内部发行），1987 年，第 37 页。

化部、地矿部等部的信访部门统计，1985年，向本单位领导提供专题报告、综合信息达2300多个。

为了适应改革开放的新形势，鼓励广大群众积极参政议政，进一步促进决策的民主化和科学化，许多中央机关和地方人民政府，先后建立了人民建议征集制度。有些机关的人民建议征集机构是单设的，有的和信访部门在一起。1988年山西省最早实行人民建议征集制度，将有关条款在省报上公布，欢迎广大人民群众向人民政府提建议，并设立专门机构做这项工作。紧接着，河北省、北京市、沈阳市、黑龙江省等许多地方和民政部等国家机关单独设立或与信访机构合设了类似“人民建议征集办公室”的机构。为了进一步加强同人民群众的联系，集思广益，推动和促进民政事业的发展，1991年12月，民政部成立“人民建议征集办公室”。① 1993年3月12日，沈阳市人民建议征集办公室成立，仅4个多月时间，市民的建议已有235条被采纳实施，有126条被认为有价值但暂缓实施，还有288条正在研究论证之中。②

许多信访信息，经过领导同志批示，或做专门处理，或颁发文件，从政策上作出规定，解决许多问题，取得了良好的效益。信访信息工作越来越被各级领导和社会所重视。1985年，铁道部颁发了《铁道部试行通过信访渠道提供信息的暂行办法》，甘肃省颁发了《关于建立全省信访信息联系网络的意见》。许多领导同志和各级机关为了及时取得这些信息，与信访部门一道制定了相应的规定，使信访信息工作走向正规化、系统化。

---

① 《人民日报》1991年12月23日。

② 刁杰成：《人民信访史略》，北京经济学院出版社1996年版，第322页。

（三）形式多样的信访工作交流

第三次全国信访工作会议后，信访活动空前活跃，出现了各种形式的信访工作交流，表现出新形势下信访活动的新特点。这些活动的内容主要是研究和解决现实问题，对信访工作中的新问题及疑难问题进行集中的研究和探讨。

1986 年 5 月 15—21 日，由中共中央办公厅、全国人大常委会办公厅和国务院办公厅组织召开了全国信访工作座谈会，分析信访工作形势，总结经验，研究如何进一步做好信访工作。在会议进程中，万里看了会议发的有关材料后批示："各级党政部门都要加强信访工作，克服官僚主义，全心全意为人民服务。信访工作是联系人民的重要渠道，要畅通无阻。"①

中共中央在《关于经济体制改革的决定》中指出，要"大力促进横向经济联系"，为经济发展打破区域界限作出了政策上的规定。经济上的横向联系，带来了许多跨地区、跨部门交叉的信访问题。因而，跨省、区的信访活动日益增多，除交流信访工作简报、资料、协作办信访案件和建立信访学术研究会外，还经常召开"片会"，探索信访工作的新途径，研究信访工作发展趋势，建立区域性的信访工作协作制度。"片会"有两种形式：一种是以原大行政区的区划为单位的几个省、自治区、直辖市在一起研究工作，另一种是跨大区的省际会议。仅 1983 年，中共中央办公厅信访局、国务院办公厅信访局就分别在北京、武汉、济南等地召开了"片会"，交流信访工作情况和经验，分析信访形势，讨论如何进一步加强信访工作。1985 年 5 月，首届四川、云南、贵州、广西、西藏和重庆的五省（自治区）一市联席会议在

① 中共中央办公厅、国务院办公厅信访局编：《全国信访工作会议资料汇编》（内部资料），1989 年印，第 575 页。

贵阳市召开，有65人参加会议，会议通过了《川、滇、黔、桂、藏、渝信访工作协作区工作原则》。①

城市经济体制改革，牵动各行各业的工作，涉及群体利益多，处理不好，极易发生集体访、越级访和重复信访。城市各级党政机关、企事业单位的信访工作怎么搞，引起了相关部门高度重视。由武汉市发起，有重庆、广州、南京、沈阳参加的五城市信访工作协作首次座谈会于1984年12月10—18日在武汉市召开。第二次五城市信访工作协作会议于1985年10月25—30日在重庆市召开。会议研究了今后城市信访工作的方向和如何加强改进城市信访工作等问题，并制定了五城市信访工作协作会议章程。1986年6月24—28日，国务院办公厅信访局在山西省大同市召开了城市信访工作座谈会。参加会议的有北京等15个市主管信访工作的领导同志和信访部门的负责同志。会后，国务院办公厅信访局通过信访刊物向全国推广城市信访工作座谈会的经验。其后，许多省也召开了城市信访工作座谈会，研究新时期城市信访工作。

从经济特区、开放城市建立伊始，涉外信访工作就引起了各级领导机关的重视。处理好涉外信访是联系、团结华侨、港澳台同胞和外国朋友的桥梁。1985年10月10—14日，广东省在珠海市召开了第一次经济特区、开放城市和开放地区信访工作座谈会，提出了进一步做好开放地区信访工作的意见。国务委员谷牧在部分特区和开放城市信访工作座谈会上指出，特区和开放城市的信访工作，要围绕着坚持改革、开放的方针进行。②

---

① 刁杰成：《人民信访史略》，北京经济学院出版社1996年版，第286—287页。
② 《人民日报》1987年7月2日，第4版。

（四）提高信访工作人员业务水平和开展信访理论研究

1986 年 3 月 12 日，中共中央办公厅、国务院办公厅下发《关于加强信访工作的通知》，把“提高信访工作人员素质”作为当前要着重抓好的工作之一，要求“采取一些切实可行的措施帮助信访工作人员提高业务水平和工作能力”。[①] 许多地方为提高信访干部的业务水平，先后开办了信访干部培训班。培训班时间短、见效快、针对性强，很受欢迎，所以被普遍采用。

信访干部培训班是由基层首先开办的，后来发展为举办全国信访干部培训班，参加培训的学员由每期几十人发展到几百人；由间断地办培训班，发展到经常性地、有计划地办培训班。各省几乎都举办培训班，有些培训班结束时还进行了结业考试，颁发结业证书。培训班讲授的内容由浅入深。在各省、自治区、直辖市举办信访干部培训班的同时，中央机关也在举办信访干部培训班。1985 年 8 月 25 日至 9 月 24 日，卫生部在北戴河举办了首届全国 24 个省、自治区、直辖市的卫生局（厅）信访干部培训班。1986 年 5 月 26 日至 6 月 16 日，国务院办公厅信访局在北京举办了首届全国信访干部培训班。之后，跨地区和全国性的信访培训班在各地陆续举办。中共中央办公厅、国务院办公厅信访局成立后，成立了专门培训机构，有计划地举办全国信访干部培训班。

1989 年 11 月，中共中央办公厅、国务院办公厅下发《关于进一步加强信访工作的通知》，要求加强信访部门和信访工作队伍建设，积极提高信访干部的素质，根据有关规定妥善解决信访

---

① 中办发〔1986〕8 号文件，载商业部办公厅编：《信访工作政策选编》，1987 年，第 39 页。

干部的政治和生活待遇问题。[①] 几年来，各地、各部门因地制宜地采用了办大专班、短期培训班、以会代培或系列讲座等办法，普遍地开展了对信访干部的培训，据不完全统计，约十万人受训。地方各部门的专兼职信访干部中，大专以上学历占68%，中央部委专兼职信访干部中，大专以上学历占82%。[②]

这一时期，信访理论研究普遍、深入地开展起来，许多地方成立了信访学会、协会和理论研究会。1984年1月，无锡市机械工业局建立了机械局信访工作研究会。研究会成立一年多，吸收1万多名会员，28个基层单位成立了20个研究小组，并创办了会刊《信访工作研究》。1991年4月18日，江西省奉新县成立了全省第一个信访学会，并制定了学会章程。

在各地纷纷开展信访工作研究的同时，许多机关还出版了理论刊物。如，中共中央办公厅信访局、国务院办公厅信访局等都分别出版了这类刊物，两局合并以后，刊名改为《人民信访》，向全国发行。各省、自治区、直辖市也都先后创办了类似的刊物。这类刊物既刊登理论性文章，也刊登案例，以及信访战线上的新人新事、政策解答等。

在这几年中，信访部门和个人编写、出版的信访教材，既有理论，又有实例，内容丰富，供本地区、本系统培训信访干部使用。同时还陆续出版了一些信访理论专著和信访知识书籍，这些都标志着信访理论研究已经取得了明显的效果，信访工作已向高

---

① 李九团、王俊山主编：《新世纪中国信访工作实务全书》（上），中国审计出版社2000年版，第1106页。

② 文井：《平凡之中铸辉煌——13年来全国信访工作回顾》，载《人民信访》2002年第11—12期。

层次发展。①

1991年5月16—20日，首届全国信访工作理论研讨会于北京召开，出席这次会议的有30个省、自治区、直辖市，14个计划单列市，18个中央国家机关部、委和中国人民解放军等信访部门的负责同志，会议先后收到论文120篇。会议期间，国务院总理李鹏会见了全体与会同志，并作了重要的指示：信访工作是一项很重要的工作。在加强党和政府同人民群众联系、维护社会稳定、纠正不正之风、落实党的政策等方面，信访工作作出了应有贡献。各级党委和政府要切实加强对信访工作的领导。会后，中共中央办公厅、国务院办公厅信访局编印了《首届全国信访工作理论研讨会论文集》，② 反映出对信访工作的认识已从感性阶段向理性阶段迈进了一大步，推动了信访工作与信访理论的深入研究。但是，这次研讨会仅仅是信访工作理论研究的起步和开始，有些论文理论升华不够，还没有脱离“经验总结”的模式，有待进一步提高。

三、一波三折的《信访条例》

从1963年第一个信访条例草稿的制定至1995年正式颁布我国第一部《信访条例》，历时30多年，这中间经历了三个阶段。

---

① 如侯磊：《信访工作》，档案出版社1990年版；张谦喜：《信访工作》，吉林人民出版社1987年版；丁洪章编：《信访工作基本知识》，上海人民出版社1985年版；仲纪辛主编：《上访指南》，上海人民出版社1991年版；任振凯：《信访学知识》，湖南人民出版社1988年版；王显堂、陈鸿滨主编：《信访学概论》，辽宁大学出版社1987年版；中共中央办公厅、国务院办公厅信访局编：《信访学概论》，华夏出版社1991年版；李慕洁：《应用信访学》，华龄出版社1991年版；苏度主编：《甘肃信访志（1949—1989年）》，甘肃民族出版社1991年版。

② 中共中央办公厅、国务院办公厅信访局编：《首届全国信访工作理论研讨会论文集》，中国检察出版社1992年版。

第一阶段1963—1981年，是准备阶段，经过十多个省信访部门同志的讨论拿出草稿；第二阶段努力的结晶是1982年的《党政机关信访工作暂行条例（草案）》，由中共中央办公厅、国务院办公厅转发各地，许多省根据这个条例制定了实施细则，并为制定地方信访条例做了准备；第三阶段是地方信访法规集中出台的时期，信访工作开始由政策规定向法制化轨道的转变。这一时期，各地纷纷制定了地方性的信访法律法规，有些省、市、县通过省、市、县人大制定了地方性的法规，有的叫“信访规定”，有的叫“工作方法”，性质都是一样的。这些地方性法规的制定，提供了经验，加快了制定国家《信访条例》的进程。如1984年《黑龙江省人民群众来信来访工作的规定》、1989年《云南省公民信访条例》。之后不久，山东、贵州、山西、云南、北京、广东等省、市也制定了信访法规。与此同时，有些县也制定了信访法规。1985年，福建省永泰县颁布了信访法规，湖北省洪湖县人大常委会审议通过了《洪湖县人民来信来访工作办法》。这些信访法规的问世，使人民来信来访工作纳入法制的轨道，依法办信访，对促进“两个文明”建设和法制建设，起到了积极的推动作用。①中共中央办公厅、国务院办公厅信访局成立后，曾组成专门班子研究制定《信访条例》。先是拿出了一个初稿，到第四次全国信访工作会议前，又组织专人制定《信访条例》，在国务院法制局等单位的大力支持下，1995年，我国第一部《信访条例》终于诞生。

党的十四大后，在加快建立社会主义市场经济体制的过程中，信访工作面临着新的形势。中共中央办公厅、国务院办公厅信访局的有关负责人在接受《经济日报》记者采访时，谈到了

---

① 刁杰成：《人民信访史略》，北京经济学院出版社1996年版，第282页。

《信访条例》出台的动机和背景：第一，在改革开放后建立社会主义市场经济体制过程中，由于新旧体制转换和社会利益格局的调整，使社会矛盾在一定时期内有所增加。这些矛盾很多会通过信访渠道反映出来，特别是涉及群众利益的问题更为突出，情况复杂，处理难度大。第二，信访人在信访活动中，有时存在着盲目性和随意性，信访行为过激，甚至出现违法违纪现象，这在一定程度上影响了生产生活及社会秩序。第三，有的信访部门在受理、办理群众来信来访工作中也存在着一定的随意性，甚至存在比较严重的主观主义、官僚主义。①

1995 年 10 月 30 日至 11 月 2 日，中共中央办公厅、国务院办公厅在北京召开了第四次全国信访工作会议，参加这次会议的有来自各省、自治区、直辖市的代表共两百多人。国务院副总理朱镕基指出，信访工作历来是党和政府工作的重要组成部分，关心和重视信访工作是党的优良传统和作风；信访工作是我们党政干部，特别是高级干部联系人民群众的渠道、桥梁和纽带，要以对党和人民高度负责的精神搞好各级信访工作。国务委员兼国务院秘书长罗干作了题为《提高认识，加强领导，进一步做好新时期信访工作》的报告，会议讨论通过《信访条例》。

四、走上法治化轨道

1995 年 10 月 28 日，国务院总理李鹏签署了第 185 号国务院令，发布了新中国成立后第一部严格意义上的信访行政法规——《信访条例》，自 1996 年 1 月 1 日起施行。条例共 6 章 44 条，阐明了信访立法的指导思想和宗旨目的；调整的对象和范围；工作原则；领导职责和信访机构。规定了信访人行为准则及其权利和

① 《依法办信访》，载《经济日报》1995 年 12 月 27 日。

义务；明确了各级行政机关受理信访事项的原则、范围以及办理的方式和规则；信访行为主体应当承担的法律后果。①

《信访条例》对信访工作实践中取得的成功经验加以总结，并作出了明确规定。《信访条例》的制定实施是“为了保持各级人民政府同人民群众的密切联系，保护信访人的合法权益，维护信访秩序”。工作原则是“分级负责、归口办理，谁主管、谁负责，及时、就地、依法解决问题与思想疏导教育相结合”。条例指出，各级行政机关应当做好信访工作，认真处理来信、接待来访，倾听人民群众的意见、建议和要求，接受人民群众的监督，努力为人民服务。各级行政机关的负责人应当阅批重要来信，接待重要来访，研究解决信访工作中的问题，检查指导信访工作。

《信访条例》也根据信访工作的现实需要，在制度创新上有所突破。对于“缠访”现象，规定了两级终结制度，即不服原处理机关的信访结论的，可以在 30 日之内向原办理机关申请复查；对复查结果不满意的，可以在 30 日内向原处理机关的上一级机关申请复核。经审核原处理结论无误的，不再进行处理。这种做法显然是受到了司法诉讼程序中的两审终审制的影响。《信访条例》第一次明确地提出了党政分开，以及立法、司法、行政分开的原则，并规定，信访人对各级人民代表大会以及县级以上各级人民代表大会常务委员会、人民法院、人民检察院职权范围内的信访事项，应当分别向有关的人民代表大会及其常务委员会、人民法院、人民检察院提出。《信访条例》规定，依法应当通过行政诉讼、行政复议、行政仲裁途径处理的信访事项，应当通过这些渠道处理，信访部门不予受理，从而形成信访与

① 《信访条例》(1995 年 10 月 28 日)，载《人民日报》1995 年 11 月 1 日。

这些解纷渠道相互配合、互不干涉的信访分类治理格局。对于处于司法程序中的信访事项不予受理，以避免行政干扰司法。此外，对越级访和集体访也作出相应规定，还确立了符合正当程序的回避原则。

1995 年国务院颁布的《信访条例》虽然只是中央人民政府的一个行政法规，在中国多元法律体系中处于第三效力等级①，但是由于中国共产党作为执政党，《信访条例》不仅对政府部门的信访活动有效，而且对人大、司法、党的机构和其他社会组织的信访活动也具有事实上的约束力。《信访条例》的颁布实施是建立市场经济体制和信访形势的需要，是加强社会主义民主和法制建设的成果，是信访制度法制化、规范化和程序化的重要进展。《信访条例》的颁布实施符合信访工作发展规律，结束了信访活动无法可依的状况，是 40 多年信访工作正反两方面经验的总结，信访工作从此有法可依，逐步走上法治化轨道。

① 在当代中国的法律渊源中，宪法具有最高效力，其次为全国人民代表大会及其常委会制定的法律，再次为国务院制定的行政法规。

第六章　市场经济中的信访工作创新（1996—2005 年）

随着改革不断深化、经济社会加速转型以及各种利益格局的调整，各类社会矛盾和利益冲突加剧，从 1992 年至 2004 年 12 年间，全国县以上党政信访工作机构受理的信访量持续攀升。信访内容日益多样化；信访诉求形势日趋严峻；集体访、异常访明显增多。面对信访工作遇到的新形势新情况，出现了对信访制度存废的广泛争议。伴随着“依法治国”方略的确定，国家更加关注信访工作的规范化、法治化建设，2005 年《信访条例》再次修订，信访制度建设进入一个依法治理与制度创新的新时期。各地信访部门积极探索适应社会主义市场经济体制需要的信访工作机制，信访工作向着法治化、程序化、规范化深入推进。

一、市场经济下的信访洪峰

随着经济体制改革的深入和对外开放的扩大，我国经济提前实现原定 2000 年比 1980 年翻两番的目标。同时结束了长期存在的供给短缺，实现了买方市场。1997 年我国成功应对了亚洲金融危机，实施跨世纪发展战略，加入世贸组织，扩大开放，保证了经济平稳发展和 20 世纪末总体小康目标的基本实现。经过 20 世纪 90 年代的不断深化改革和建设，20 世纪末，我国已初步建立了社会主义市场经济体制。2000 年，中国国内生产总值达 89404

亿元，人均国民生产总值比 1980 年翻两番的目标在 1997 年提前 3 年完成。2003 年，党的十六届三中全会作出的《中共中央关于完善社会主义市场经济体制若干问题的决定》，根据实践发展的要求，对进一步完善社会主义市场经济提出了明确的目标和任务。

社会主义市场经济体制的建立带来了整个社会的巨大经济变革和利益的重大调整，在这一社会体制转轨、经济成分日益多元化的变革过程中，各类社会矛盾和利益冲突加剧。一是利益性矛盾越来越突出，对抗性明显增强。二是矛盾的复杂性增强。一方面，矛盾成因复杂化，既有历史原因、政策原因、利益原因，也有处理方法不当的原因；另一方面，多种矛盾交织化，经济、政治、思想、文化各个领域的矛盾交织在一起。由各种矛盾和现实问题引发的信访问题比较突出，信访形势呈现出一些新特点。

第一，信访总量持续上升，上行趋势明显，信访高峰到来。1996—2000 年的五年内，全国 31 个省、自治区、直辖市的县以上党政机关信访部门受理信访总量 3900 万件次，1996—1999 年分别比上年增长 18.8%、1.62%、37.3% 和 7.6%。2000 年以来，国家信访局每年受理信访量 50 万件次以上；2001 年受理集体访首次超过 1000 批次，2003 年受理集体访批次和人次同比上升 41% 和 44.8%。2002 年全国法院处理告诉、申诉信访 365.6102 万件次。2003 年 6 月 20 日，收容遣送制度废止，大部分省份都暂停了对上访者的拦截和遣送。6 月 24 日，世界卫生组织宣布解除对北京的旅行警告，我国取得抗击“非典”的胜利。从 6 月底开始，上访数量呈现出爆炸性增长的态势，其中 6 月 25 日至 9 月 30 日，国家信访局接待群众来访批次、人次，同比分别上升 67.3% 和 58.4%。2004 年，国家信访局受理的信访总量上升 19.5%；省一级信访部门受理的信访总量上升 17%；市

（地）一级上升13.9%；县一级上升11%。群众信访上升幅度呈倒金字塔型，中央和国家机关受理的越级访、集体访增幅较大。2005年，全国人大常委会办公厅信访局收到来信13万多封，接待来访5.8万多人次。

第二，信访内容日益多样化，反映的问题相对集中，政策性、群体性问题突出。群众就同一问题不断重复来访，处理难度大，群众信访反映的问题主要集中在农村土地征用、城镇房屋拆迁、国有企业改制等五个方面。这些问题大多数与政策的制定和执行相关，涉及群体性利益，处理难度较大，有些问题久拖不决，形成了相当数量的重复访。2004年1月—8月，全国县级以上党政信访工作机构和中央有关部委接待的反映这五个方面的来访，同比增长125.6%，其中，重复访占31.34%。2004年，国家信访局受理五个方面突出问题信访件占信访总量的26%。根据各级信访统计数据分析，各种利益矛盾已占社会矛盾纠纷总量的70%—80%，成为社会矛盾的主要表现形式之一；不服行政处理决定、法院裁判和要求政府解决实际问题类信访，各占总量的30%—40%；控告、检举类信访约占总量的20%；对政府工作提出意见、建议类信访约占总量的10%。其中有大量本来可以通过行政复议或者司法诉讼等途径解决的问题，却纷纷涌向信访渠道。

第三，信访诉求形势日趋激烈，集体访、异常访明显增多。这一时期，群众采用来访形式反映问题明显增多，来访的增长明显快于来信。群众进京访、集体访、重复访、非正常上访增势明显。集体访尤其大规模集体访增多，越级集体访增幅较大。2000年以来，国家信访局每年受理信访量50万件次以上；2004年1月—8月，全国县级以上党政机关接待群众集体访批次和人次同比分别上升21%和20.3%；国家信访局接待群众集体访同比也有明显上升。[①] 集体访是群体性事件的前奏。虽然集体访不同于群体性事件，但是，如果得不到恰当和及时的处理，往往演化升级为群体性事件。在影响社会稳定的群体性事件中，集体访已经排到第一位。20 世纪 90 年代中后期群体性事件增速惊人。在农村，农民状告乡镇政府、村委会；在城市，因为企业改制而导致职工大批下岗失业引发的群体信访问题此起彼伏。1993 年全国发生群体性事件 8700 多起，1995 年超过 1.1 万起，从 1997 年起开始大幅度飙升，超过 1.5 万起，1999 年剧增到 3.2 万多起，两年翻了一番多，而 2000 年 1 月—9 月就突破了 3 万起。[②]

进入 21 世纪之后，由于国家政策、利益格局和社会大环境继续不断地发生重大变化，公民行政复议和诉讼途径不通畅，各级公职人员的素质、工作作风存在诸多问题和管理方式的不相适应，公民对某些法规政策不了解、不理解，同时计划经济时代形成的思维惯性与市场经济、民主政治建设的冲突以及对抗性与非对抗性矛盾相互影响，经济、政治、文化等各种矛盾相互交织，导致信访量长期在高位持续运行。

二、探索信访工作的新机制

群众信访活动出现了很多新变化，必须正确把握信访工作的新形势。2001 年 9 月 27—29 日，第五次全国信访工作会议在北京举行。这是自 1949 年以来规模最大、与会人数最多的全国性信访工作会议。会议指出，自 1995 年第四次全国信访工作会议召开以来，全国信访工作取得了长足进步和全面发展，信访工作

① 曹康泰、王学军：《〈信访条例〉辅导读本》，中国法制出版社 2005 年版，第 16 页。

② 公安部第四研究所“群体性事件”课题组：《我国发生群体性事件的调查与思考》，载《人民日报·内部参阅》第 31 期，2001 年 8 月 10 日。

在党和国家政治、经济和社会生活中的地位日益突出。会议确定今后五年要重点抓好六个方面的工作：提高认识，加强领导，强化信访工作领导责任制；解放思想，务实创新，积极推进信访工作的改革与发展；加强信息反映、调查研究和跟踪督办工作；加强基层工作，切实解决群众反映的实际问题，维护社会稳定；增强法制意识，加强法制建设，依法做好信访工作；努力建设一支高素质的信访干部队伍。①

2003 年 4 月 14 日至 7 月 21 日，胡锦涛、温家宝、曾庆红等中央领导对做好信访工作、减少群众“重复来访”和“集体来访”问题作了一系列重要批示。2004 年 3 月 22 日，国务院印发了《全面推进依法行政实施纲要》，确立了建设法治政府的目标，要求“切实解决人民群众通过信访举报反映的问题”。5 月，全国信访工作座谈会在京召开，提出了此后一个时期信访工作总体思路。9 月 19 日，党的十六届四中全会通过《中共中央关于加强党的执政能力建设的决定》，要求“健全正确处理人民内部矛盾的工作机制，完善信访工作责任制，综合运用政策、法律、经济、行政等手段和教育、协商、调解等方法，依法及时合理地处理群众反映的问题”。②

在国家的高度重视和巨大的信访压力之下，各地各部门适应新时期人民内部矛盾发展变化特点，改进工作方法，创新工作机制，力求在实践中创造信访工作新办法、新举措，推动信访制度改革进一步深入开展。

---

① 《第五次全国信访工作会议举行 朱镕基接见与会代表》，载《人民日报》2001 年 9 月 30 日。

② 《十六大以来重要文献选编》（中），中央文献出版社 2006 年版，第 287 页。

（一）提升党政专职信访工作机构的规格，提高信访干部的职业素质

进入 21 世纪以后，中国社会的结构性矛盾以一种爆炸性的数量通过信访渠道显现出来。根据信访问题的严重程度，信访部门的规格和地位也得以提高。2000 年 2 月 13 日，中共中央办公厅、国务院办公厅印发《国家信访局职能配置、内设机构和人员编制规定》，将中共中央办公厅、国务院办公厅信访局更名为国家信访局，职能为制定全国性的信访政策、方针，协调处理跨地区、跨部门的信访问题，承办中央领导交办的信访事项，向地方和部门交办信访事项，督促检查重要信访事项的处理和落实，指导全国性信访工作，协调信访工作外事活动和对外交流等。同年 11 月，国家信访局正式挂牌。国家信访局为国务院办公厅管理的负责信访工作的行政机构，业务上接受中共中央办公厅、国务院办公厅指导，为副部级行政机构。

截至 2000 年底，全国 31 个省、自治区、直辖市的信访机构基本上实现了党政合设，其中 10 个为正厅级，比 1995 年增加了 6 个；18 个为副厅级，其中有 5 个负责人高配为正厅级。① 到 2004 年底，全国 31 个省级信访工作机构中，有 19 个为正厅级，其中有的由省委或者省政府副秘书长兼任信访局局长。大部分县建立了基层信访工作机构，一些乡镇设有专职或兼职信访干部负责信访工作，基本上形成了“纵向到底、横向到边”的信访工作网络。

为了应对各种新型的信访矛盾，积极化解信访纷争，维护社会政治稳定，各地加大了信访干部队伍的建设。首先是举办各种

---

① 《国家信访局局长周占顺在第五次全国信访工作会议上的讲话》（2000 年 12 月 18 日），载《人民信访》2001 年第 10 期。

业务知识培训班，提高信访干部的业务能力；其次是将信访干部送到各级党校、行政学院或者大学进行短期深造，以更新知识结构，提高掌握新知识的能力；再次是鼓励在职信访干部参加自学考试、各种研究生在职培训班以及公共管理硕士学位考试，以提升他们的整体文化素质；最后是新提拔的处级、厅级领导干部到信访部门挂职锻炼，兼任信访督察员，负责信访督察和解决疑难信访事项，从而提升他们的政治素质。截至2000年底，全国共有近20万专职信访干部，其中31个省、市、自治区专兼职信访干部中，大专以上学历的占了68%；中央部委专兼职信访干部中，大专以上学历占82%。①

（二）废除收容遣送制度，接访制度浮现

自1982年5月到2003年，由国务院发布施行的《城市流浪乞讨人员收容遣送办法》所确立的收容遣送制度，在信访治理中扮演了重要角色。随着经济社会的快速发展，人口流动状况发生了很大变化，这一办法已经无法适应新形势的需要。2003年3月，“孙志刚事件”发生，在广州工作的27岁大学生孙志刚因没有随身携带暂住证而被广州天河区公安分局黄村派出所收容并于3天后遭殴打致死。案件经过媒体报道，引起了全国各地乃至海外各界人士的强烈反响。② 为从根本上解决城市生活无着的流浪乞讨人员的问题，完善社会救助制度和相关法规，第381号国务院令规定，自2003年8月1日起施行《城市生活无着的流浪乞讨人员救助管理办法》，同时废止1982年国务院发布的《城市流

① 《国家信访局局长周占顺在第五次全国信访工作会议上的讲话》，载《人民信访》2001年第10期。

② 2004年，“孙志刚事件”与广州市抗击“非典”一同被列入《广州年鉴》。2004年初，国内各大网站和一些权威媒体把孙志刚列为2003年影响中国十大人物。

浪乞讨人员收容遣送办法》。2003 年 8 月 1 日起，民政部制定的《城市生活无着的流浪乞讨人员救助管理办法实施细则》开始实施，使救助管理办法的内容落到实处，更具有操作性。

2003 年，随着收容遣送制度的废止，迎来了 20 世纪 70 年代末“拨乱反正”之后的又一次信访高潮。上访群体给首都稳定带来了巨大压力。为了督促各地政府切实做好信访工作，使群众的问题在属地就得到有效解决，中央政府将各地进京上访量进行排名，作为政绩考核的一个负面指标。各地政府为减少上访登记量，到北京“接访”的制度应运而生。很快接访制度蔓延到各省信访办，各县市不仅派人到北京，也派人到省信访办接访。接访队伍在国家信访局门口形成人墙，阻挡上访者进入信访局，上访者也开始想尽办法逃避被截，双方开始了自收容遣送制度废止之后新一轮游击战。有些地方为减少进京上访数字而采取堵、卡、压等极其错误的做法。接访制度相对比较文明，接访费用反而给一些地方造成了新的财政负担，甚至纵容上访，导致“截访”的出现。

（三）建立信访联席会议制度

“信访洪峰”的化解光靠接访是完全不够的，更重要的是要解决问题。党的十六届四中全会后，中央领导同志针对信访突出问题和群体性事件频频发生的情况，提出“人要回去，事要解决”。2004 年，在全国范围内推广信访联席会议制度并强化责任制，要求各地把信访问题作为特别重要的问题来抓。

早在 1979 年，为了避免信访工作中的“踢皮球”现象，北京怀柔县委就建立了信访联席会议制度。① 为了解决上访者在国

---

① 新华社：《努力提高信访工作的质量和效率》，载《人民日报》1979 年 3 月 24 日。

家机关之间来回奔波以及国家机关互相推诿扯皮的问题，1991 年 10 月 27 日，有 28 个部委参加的第一届中央国家机关信访联席会议在北京顺义县召开。后来，一些地方政府也采取了地区性的联席工作会议制度。

2004 年 8 月，为进一步加大处理解决信访问题的力度，中共中央、国务院建立了处理信访突出问题及群体性事件联席会议制度（以下简称联席会议）。联席会议针对农村土地征用问题、城镇拆迁安置问题、国有企业改制问题、部分企业军转干部问题、涉法涉诉问题等信访突出问题，成立了 5 个专项工作小组，每个小组设有具体负责人，并每月定期举行会议。其主要职责是了解、掌握信访突出问题及群体性事件的情况和动态；针对信访突出问题及群体性事件提出对策建议；组织协调有关方面处理跨部门、跨行业、跨地区的信访突出问题及群体性事件；督促检查有关部门和地方处理信访突出问题及群体性事件各项措施的落实。同时，组建了联席会议办公室，负责情况综合、协调联络和督查督办等日常工作。办公室设在国家信访局，国家信访局局长兼办公室主任，主要成员单位有中央办公厅、国家信访局、北京市等 28 个部门和单位。此后，各省、市、县也相继建立了由党委、政府负责同志牵头，主要职能部门负责同志参加的处理信访突出问题及群体性事件联席会议制度。各地建立的联席会议，大致相同，仅在工作小组的数量和分类方面稍有差别。

自 2004 年 9 月初至 2005 年 1 月，各级联席会议按照中央的部署，认真扎实地开展了第一阶段的各项工作。联席会议集中处理信访突出问题及群体性事件工作，人民群众的利益诉求活动开始步入正常轨道，一些长期得不到解决的问题得到妥善处理，不稳定因素形成的群体性事件较以前明显减少。2005 年 1 月，中央联席会议办公室召开了第二次电视电话会议，对第一阶段处理信访突出问题及群体性事件的工作进行了总结，对第二阶段的工作进行了安排部署。信访联席会议的职能职责是其他部门所无法替代的，对于化解信访洪峰起到了一定的作用，也解决了一些长期积累的信访矛盾，但是难以从源头上、根本上化解信访矛盾。

（四）探索信访办理新模式

各地各部门在化解信访难题工作中，勇于创新，努力探索新思路、新模式、新方法，在实践中创造了许多行之有效的信访办理新形式。

2003 年贵阳市人大建立“人大信访法律咨询日”制度，每周一次约请“一府两院”有关负责人、人大代表、法律工作者共同参与接待来访，如同医院聘请专家“坐诊”，将接待信访工作寓于法律宣传之中，不仅要找出病因，还要提出最佳的治疗方案。这一做法使人大信访工作更具针对性，使一些发生在基层的社会矛盾和问题得到比较及时有效的解决，在解决来访者问题的同时，“一府两院”的工作也受到监督。类似的还有福建石狮市的“市人大与一府两院的信访联席会议制度”。

安徽省池州市创立了信访听证制度，由池州市政府发文聘请信访评议员对争议案件作出评议，政府有关部门对于信访听证团作出的裁定一般都予以认可。安徽省信访局的一位负责人指出，把听证机制引入信访工作，既能降低行政成本，提高行政效率，又能避免决策失误，减少事后不必要的矛盾纠纷。类似的还有黑龙江省富裕县的“阳光办案”思路，让各方当事人参与公开办理积累案件。2005 年初，浙江省正式在宁波市推行信访终结制度试点，并将信访听证作为其中重要一环，信访人对处理或复查意见不服，可申请举行听证；行政机关对信访人坚持信访等情形，可举行听证。①

从1988年开始，福建省宁德地区率先在全国建立地县乡三级领导干部下访、约访群众制度。在时任宁德地委书记习近平的提议和倡导下，宁德地委、行署建立了“四下基层”制度，即下基层接待群众、下基层调查研究、下基层现场办公、下基层访贫问苦。当年11月，地区建立了“地委委员轮流约访群众”和“专员轮流下县接待群众来访日”制度。1990年，《人民日报》作了专题报道，充分肯定了这个做法，在全国引起很大的反响。2005年5月1日新修订的《信访条例》实施后，全国公安机关开展了颇具声势的开门大接访活动。2005年5月18日到6月9日，累计接访71160起。通过开门接访，查破刑事案件1538起，抓获犯罪嫌疑人2308名；为信访人解决户口问题1161个；信访人表示停访息诉的15421起，占累计接访的21.7%。

2005年1月，河南省义马市成立群众工作部，探索用群众工作统揽信访工作，促进社会和谐稳定。群众工作部被赋予六项权力，即交办转办权、督促检查权、指导协调权、直接调查权、情况通报权、责任追究建议权，除兼有原信访局的职能外，还新增了原属民政部门的扶贫救济和低保部分职能，原属人劳社保部门的社会保障、劳动就业和劳动争议仲裁部分职能，原属司法行政部门的法律服务部分职能及原属科技部门的科技扶贫职能。商务局、交通局、建设局、环保局、国土资源局等都被列入群众工作的重点单位。义马市群众工作采取“无病先防，既病防变，标本兼治”的做法。义马市信访体制改革效果明显，与2004年同期相比，2005年1—7月份，全市赴京集体诉求为零，上三级集体

① 陈穆商：《浙江率先实行信访听证制度》，载《人民日报》2005年10月11日。

诉求下降 23.5%，个人诉求下降 34%。[1]“义马经验”得到了中央领导的充分肯定和高度评价。胡锦涛、温家宝、罗干等中央领导同志相继作出重要批示，对学习推广“义马经验”提出了明确要求。“义马经验”引起了社会各界的高度关注，在全省乃至全国产生了积极广泛的影响。

这些信访工作经验的宣传和传播，不同程度地渗透、影响着其他地方信访工作的发展方向和工作格局的变化，推进信访制度改革的深化和完善。

三、信访存废争议中的《信访条例》修订

2003 年“信访洪峰”后，信访成为一个突出的社会问题，信访制度面临的困境引起了关于信访制度存废问题的广泛而又激烈的争论。不少学者和信访工作者都提出，要对现行信访制度进行改革。至于究竟应该如何改革，不同人的意见大相径庭。据统计，2003 年与 2004 年共有 356 篇[2]相关文章探讨这一问题。除去一些工作指导等内容外，这两年的关于信访制度争论的焦点就是信访存废问题，大致有三种观点：彻底改革（废除）信访制度、改良（规范）信访制度和强化信访制度。

2005 年 1 月 5 日，国务院第 76 次常务会议通过了新修订的《信访条例》，在现有的条件下“规范信访制度”。在这种规范中，新修订的《信访条例》呈现出了一些新特征。

随着改革不断深化、经济社会加速转型以及各种利益格局的调整，社会主义民主法治建设不断推进，信访工作面临着许多新

---

① 曲昌荣：《河南义马群众工作局破解上访难题》，载《人民日报》2005 年 11 月 14 日。

② 张永和：《2003—2007 年信访问题研究综述》，载《西南政法大学学报》2008 年第 3 期。

情况、新问题。1995年颁布的《信访条例》，在施行的九年中对于密切党和政府同人民群众的联系、保护信访人合法权益、维护信访秩序和规范信访工作等发挥了重要而积极的作用。党的十六大以来，新的中央领导集体提出了以人为本、执政为民和建立和谐社会等许多新的执政理念，与之相适应，信访制度无疑也应该改革、创新。中央领导的关心重视、信访工作理论和实践的发展、社会各界的关注呼吁，奠定了修订《信访条例》的现实基础。

面对新形势新情况，社会各界更加关注信访工作的规范化、法制化建设，各地对制定和完善信访法规、依法做好信访工作高度重视。这一时期，各地纷纷制定了地方性的信访法律法规，整个信访法律法规体系日臻完善。2001—2004年，国家信访局共承办全国人大代表、政协委员关于信访工作法制建设方面的议案、提案和建议43件，其中2004年有20件，呈逐年上升趋势，要求修订《信访条例》，通过立法规范信访工作。同时，一些省（区、市）加紧制定或修订本地《信访条例》，有力推动了信访工作的法治化进程。黑龙江、辽宁、吉林、甘肃、上海、江西等地相继制定或重新修订了本省（市）的《信访条例》。面对日益高涨的信访洪峰，1995年《信访条例》中一些不合时宜的规定以及提升执政能力和实践科学发展的需要，国家信访局根据中央指示精神对1995年《信访条例》进行修订。2004年3月，国家信访局把修订《信访条例》列为当年工作重点，5月全国信访工作座谈会后，即加紧了修订前期的调研准备工作。2004年8月，国务院法制办、国家信访局开始研究修订《信访条例》。10月28日，提出《信访条例（修订草案）》征求意见稿。根据反馈意见，对征求意见稿进一步修改，11月10日，形成《信访条例

（修订草案）》。其后，又经过了反复座谈、研讨，征求意见。① 2005 年 1 月 5 日，国务院第 76 次常务会议讨论通过《信访条例》。2005 年 1 月 10 日，温家宝总理签署第 431 号国务院令正式公布，自 2005 年 5 月 1 日起施行。②

这次修订《信访条例》的基本思路是突出“四个如何”，即如何畅通信访渠道、如何创新工作机制、如何强化工作责任、如何维护信访秩序。修订后的《信访条例》，共分 7 章 51 条。③ 与 1995 年《信访条例》6 章 44 条相比，新增和修改达 46 条，新增和修改条款占《信访条例》内容的 90%，新增和修改字数占《信访条例》内容的 85%。新修订的《信访条例》的总体结构是：确立一个目的，即密切党和政府同人民群众的联系，保护信访人的合法权益、维护信访秩序；贯穿一条主线，即畅通信访渠道，维护信访秩序；突出两个规范，规范信访工作行为和信访行为；确定一个体制，信访工作机构是本级人民政府负责信访工作的行政机构，对本级人民政府其他工作部门和下级人民政府信访工作机构的信访工作进行指导；确定一个格局，即统一领导、部门协调，统筹兼顾、标本兼治，各负其责、齐抓共管的工作格局；规范信访工作程序，健全工作责任制，明确法律责任。《信访条例》以畅通信访渠道为主线，以规范信访工作行为和群众信访行为为两个基本面，以信访工作程序为架构，以强化责任为重点，程序性和实体性规定相结合，进一步明确信访法律关系中相关主体的权利义务，健全了六个方面制度。《信访条例》所提出的各项制度规范基本是沿着信访事项的提出、受理、办理和督办

① 国家信访局编：《信访条例讲话》，法律出版社 2005 年版，第 10—12 页。

② 《人民日报》2005 年 1 月 6 日，第 8 版。

③ 《信访条例》（国务院令第 431 号），载《人民日报》2005 年 1 月 18 日。

几个程序阶段展开的，侧重程序性规定，兼顾实体性规定。权利与义务在每个阶段都有涉及，因而不单独成章，其具体要求分别写在各章节中。①

新修订的《信访条例》内涵丰富，针对性和可操作性比较强，充分体现了以人为本的理念和全心全意为人民服务的宗旨，体现了民主与法制的精神，体现了构建社会主义和谐社会的要求。从具体内容上看，《信访条例》在以下几个方面有了重大突破：一是突出了畅通信访渠道，以更好地加强党和政府与人民群众的联系，及时了解社情民意并化解社会矛盾。二是创新了信访工作机制，以促使处理信访事项效率的提高和效果的扩大。三是强化了信访工作责任，以促进群众反映的合法、合理问题及时得以解决。四是健全了维护信访秩序制度，以更好地保护广大信访群众的合法权益，维护社会稳定。② 2005 年《信访条例》对信访工作原则作出重大修改和补充，如：赋予信访工作机构提出改进建议权、行政处分建议权、完善政策解决问题建议权等三项全新职权；提出了信访终结制的框架，对信访事项实行三级终结。

总体上讲，与 1995 年条例相比，新的《信访条例》赋予了信访部门交办权、督办权，便于信访案件的监督和相关部门的及时办理；由过去的两级信访变为三级信访，加大了对相关部门的督办力度。修订后的《信访条例》的立法亮点主要集中在以下几个方面：疑难信访事项可举行听证，过激信访构成犯罪将被追究刑事责任，以及对信访人保护和信访便民原则的细化、信访方式的多样化、信访事项范围的扩大等。新增的条款很多具有突破

① 曹康泰、王学军主编：《信访条例辅导读本》，中国法制出版社 2005 年版，第 21—22 页。

② 国家信访局编：《信访条例讲话》，法律出版社 2005 年版，第 15—18 页。

性，对创新机制、加强监督，促进有效解决信访问题，落实责任，落实“事要解决”，把握规范信访工作行为和信访行为两个规范，解决困扰当前信访工作中存在的问题，具有重要意义。

全国性信访高潮十几年居高难下的现状，需要政府尽快作出反应。《信访条例》的修订可谓大刀阔斧，但不能说脱胎换骨，因为它并未解决实际工作当中信访的制度设计和功能定位模糊的问题，因而有关信访制度的争议也没有因新《信访条例》的施行而停止。《信访条例》修订本身也存在立法程序上的缺失。修订工作基本是在封闭状态下进行的，虽然征求过学者等有关人员的意见，但并没有公开、广泛地向社会征求建议和意见。

对照新旧《信访条例》，可以发现信访工作机构的任务仍不十分明确。2005 年《信访条例》第 6 条规定了县级以上人民政府信访工作机构的六项职责，但对于何种问题必须通过信访解决并没有明确。第 14 条规定，对依法应当通过诉讼、仲裁、行政复议等法定途径解决的投诉请求，信访人应当依照有关法律、行政法规规定的程序向有关机关提出。那么信访工作机构的任务是否可以理解为受理不能通过诉讼、仲裁、行政复议等法定途径解决的投诉请求呢？信访工作机构的任务不明确，直接导致了信访量的激增。第 21 条第（一）项规定，对已经或者依法应当通过诉讼、仲裁、行政复议等法定途径解决的，不予受理，但应当告知信访人依照有关法律、行政法规规定程序向有关机关提出。实际上，信访往往是在合法权益不能通过诉讼、仲裁、行政复议等法定途径解决的时候才发生的。

另外，2005 年《信访条例》的修订还存在立法技术上的缺憾。针对信访工作责任不落实、奖惩不明确等问题，《信访条例》在总则中明确规定要建立健全信访工作责任制，把信访工作责任落实到单位、落实到人；将信访工作绩效纳入公务员考核体系，实行责任追究和奖励制度（第7条内容）。这一规定对于强化信访工作责任、提高信访工作质量和效率必将发挥重要作用，可是在追求工作绩效的驱使下，一些地方政府为了息访，对于信访民众采取收买、欺骗甚至打击迫害等手段，从而引发更多的信访案件。再如，《信访条例》明确提出，“对重大、复杂、疑难的信访事项，可以举行听证”，但对如何界定重大、复杂、疑难，没有作具体的规定和说明，立法语言过于原则和模糊。这需要在制定《信访条例》的实施办法或细则时对重大、复杂、疑难及听证程序等作出具体的界定。

一部良法需要付诸实践才可能产生预期的效果，一部新条例不可能完全改观信访现实，也难以理想化地革除现行信访制度的诸多弊端，但是它的确朝着信访法治化的方向前进了。2005年1月，国务院颁布新的《信访条例》，是学界和政界讨论取得的重大成果，也是我国政府渐进地改革信访制度迈出的重要一步。它的颁布实施对于畅通信访渠道，密切党和政府同人民群众的血肉联系，切实保护人民群众的合法权益，推动信访工作的法治化、规范化，具有重要意义。

四、依法治访与制度创新

面对信访工作遇到的新形势和新情况，伴随着社会主义民主法治建设的不断推进，国家更加关注信访工作的规范化、法治化建设，信访制度建设进入一个依法治理与制度创新的全新时期。

20世纪90年代，中国开始全面推进社会主义市场经济建设，由此进一步奠定了法治建设的经济基础，也对法治建设提出了更高的要求。1996年，八届全国人大四次会议把“依法治国，建设社会主义法制国家”作为一项重大方针确定下来，并提出了具体任务和要求。1997年召开的党的十五大将“依法治国”确立为治国基本方略，将"建设社会主义法治国家"确定为社会主义现代化的重要目标，并提出了建设中国特色社会主义法律体系的重大任务。1999 年 3 月，九届全国人大二次会议通过宪法修正案，明确规定"中华人民共和国实行依法治国，建设社会主义法治国家"，正式把这一治国方略以国家根本大法的形式确定下来。中国的法治建设揭开了新篇章。进入 21 世纪，中国的法治建设继续向前推进。2002 年，党的十六大把"社会主义法制更加完备，依法治国的基本方略得到全面落实"作为全面建设小康社会的目标，要求"到 2010 年形成中国特色社会主义法律体系"。2004 年颁布的《中共中央关于加强党的执政能力建设的决定》和《全面推进依法行政实施纲要》进一步推动新形势下信访工作的依法治理。截至 2011 年 8 月底，中国已制定宪法和现行有效法律 240 部、行政法规 706 部、地方性法规 8600 多部，① 涵盖社会关系各个方面的法律部门已经齐全，各法律部门中基本的、主要的法律已经制定，相应的行政法规和地方性法规比较完备。

1982—1995 年，由于信访法制建设的迟滞，1982 年开始实施的《党政机关信访工作暂行条例（草案）》在 13 年间一直支撑着信访制度的有效运作。1989 年 10 月 18 日，江泽民在中共中央办公厅、国务院办公厅信访局的一个报告上批示："各级党委和政府要切实加强对信访工作的领导，使其在社会主义民主与法制的建设、密切党和政府与人民群众的关系中，发挥更大的作用。"② 在 1995 年以前，有部分省市已颁布了有关法规，最早的

① 中华人民共和国国务院新闻办公室：《中国特色社会主义法律体系》，人民出版社 2011 年版，第 10 页。

② 周占顺：《信访工作改革与发展》，载中共中央办公厅、国务院办公厅信访局编：《改革与发展——第二届全国信访工作理论研讨会论文集》，中国工人出版社 1999 年版，第 57—58 页。

是1989年10月21日云南省七届人大八次会议通过的《云南省公民信访条例》，其他的如1992年《山东省信访处理暂行规定》、1993年《上海市信访条例》、1994年《北京市信访条例》《天津市信访条例》等。内蒙古、黑龙江、福建、山东、广东和海南等省、自治区就本行政区域内各级人大常委会信访工作，单独出台了地方性法规，① 基层为上级提供探索的尝试和经验，上级对各地基层工作进行宏观筛选、归纳、提高后而形成国家行政法规，进一步指导全国信访工作的顺利开展。1995年10月28日，国务院发布了新中国成立后第一部严格意义的信访行政法规——《信访条例》，结束了信访活动无法可依的状况，信访工作逐步走上法治化轨道。

20世纪90年代中后期是信访法规集中出台的时期，标志着信访工作开始由政策规定向法制化轨道的转变。这一时期，各地根据1995年《信访条例》的精神，纷纷制定了各地方性的信访法规、制度，整个信访法律法规体系日臻完善。自1995年《信访条例》颁布至20世纪末，全国出台比较完整规范的省级信访法规30部，如《浙江省信访条例》《河南省信访条例》《湖北省信访条例》等，市级500余部，县级达2000多部。截至2001年9月，许多省、自治区、直辖市和中央有关部委制定的与《信访条例》相配套的法规、制度有226部（个）。

党的十六大以来，逐步提出了以人为本、建立和谐社会等许多新的执政理念。与之相适应，信访制度不断改革、创新，如修订完善1995年《信访条例》，信访法治化进程得到推进。

1995年《信访条例》制定的目的是“为了保持各级人民政府同人民的密切联系，保护信访人的合法权益，维护信访秩序”，

---

① 全国人大常委会办公厅信访局编：《信访条例汇编》，人民出版社2003年版。

"信访人"是指"采用书信、电话、走访等形式向各级行政机关反映情况，提出意见、建议和要求的公民、法人和其他组织"。《信访条例》除了在少数地方使用"群众""人民群众"外，基本上都是用"信访人"指涉信访权利主体，并具体规定了"信访人"的权利和义务等内容。2005 年《信访条例》对信访事项的提出、受理、办理和督办等程序作了更为详细严格的规定，并将"法律责任"作为独立的一章加以规定。1995 年和 2005 年《信访条例》都在开篇即明确了"保护信访人的合法权益"，强调信访人要依照相关法律法规提出信访事项，相关部门依照法律法规受理信访事项，无论是信访人还是受理机关在违反法律时都必须承担法律责任。2005 年《信访条例》还规定："对已经或者依法应当通过诉讼、仲裁、行政复议等法定途径解决的，不予受理，但应当告知信访人依照有关法律、行政法规规定程序向有关机关提出"，实际上是把涉法涉诉信访从普通信访中分离出来，把涉法涉诉信访纳入法治轨道解决，维护司法的独立性和法制的权威。新修订的《信访条例》针对性和可操作性比较强，推动了信访工作的法治化、规范化。随后，国家信访局制定下发办理群众来信、接待群众来访、督查督办等方面的工作规则，各地也相继制定与之配套的法规和制度，绝大多数省份颁布实施了信访工作法规；60 多个中央和国家机关或单位修订出台了信访工作办法、规则，形成了比较完整的信访工作法规制度体系，为扭转当时信访工作被动局面、依法处理信访问题发挥了重要作用。

2005 年 4 月 13 日，国务院新闻办公室发布《2004 年中国人权事业的进展》白皮书，指出：国家重视通过信访渠道依法保障公民的批评、建议、申诉、控告和检举权利。国家还出台了《关于进一步加强律师参与涉法信访工作的意见》，组织律师参与涉法信访工作，引导信访群众通过法律渠道依法解决问题。随着社会主义市场经济的建立和民主法制建设的深入开展，信访工作遇到了新形势新情况，社会各界也更加关注信访工作的规范化、法治化建设；同时，各级党委、政府对信访的重视和投入前所未有，以上这些因素推动着信访制度的创新和发展。

第七章　构建社会主义和谐社会的基础工作（2006—2012 年）

继 2005 年全国信访总量在持续攀升 12 年后出现了第一次下降，信访形势明显好转。2006 年 8 月 5 日，胡锦涛作出重要指示："信访工作是为人民群众排忧解难的工作，也是构建社会主义和谐社会的基础性工作"，批示明确了信访工作在新时期的定位。2006 年 10 月，党的十六届六中全会在对构建社会主义和谐社会的整体部署中确立了信访工作在构建和谐社会中的基础性地位。2007 年《关于进一步加强新时期信访工作的意见》的下发和第六次全国信访工作会议的召开，进一步为信访工作指明了发展方向，信访制度发展进入一个新阶段。信访工作是构建社会主义和谐社会的基础工作，是党的群众工作的重要组成部分，是以改善民生为重点的社会建设的重要内容。

一、信访形势明显好转但仍在高位运行

2006—2012 年，我国正处在改革发展的关键阶段，也正处于工业化、现代化的重要时期。这既是一个发展机遇期，也是一个矛盾凸显期。经济体制深刻变革，社会结构深刻变动，利益格局深刻调整，思想观念深刻变化。这种空前的社会变革，给我国发展进步带来巨大活力，也必然带来这样那样的矛盾和问题。同时，全面参与经济全球化的新机遇新挑战，又面临着工业化、信

息化、城镇化、市场化、国际化深入发展的新形势新任务。这一时期，我国社会总体上是和谐的，但也存在不少影响社会和谐的矛盾和问题。我国发展面临着新课题新矛盾，信访工作也遇到了许多新情况、新矛盾、新问题，社会矛盾增加，热点、难点、焦点问题增多。一方面，信访工作总体形势明显好转，先后出现“三个下降一个好转”“四下降、一好转”的良好局面；另一方面，信访总量仍在高位运行，信访突出问题仍较集中，深层次的问题不断产生，不和谐的因素大量存在且解决的难度越来越大。

（一）信访总量有所下降，但仍在高位运行

2005 年，信访工作一举扭转了全国信访总量持续 12 年攀升的势头，出现“三个下降一个好转”，即信访总量同比下降 6.5%，倒金字塔式的增幅状况得到改变；集体访批次基本持平，人次下降 14%；初信初访下降 9.1%；信访秩序好转。① 2006 年，信访形势进一步明显好转，信访总量又下降了 15.5%。2007 年继续稳中有降，全国信访形势呈现出“四下降、一好转”（即信访总量、集体上访、非正常上访、群体性事件下降，信访秩序好转）的良好局面。② 2006 年收到来信 15 万多件次，接待来访 7.5 万多批次。③ 最高人民检察院 2006 年处理信访 477596 件次，依法处理涉检信访 2942 件。④ 但值得注意的是，全国县级以上党政信访工作机构受理的信访总量虽然有所下降，但全年仍在 1000

① 王学军：《以科学发展观为统领努力开创信访工作新局面》，载《人民信访》2006 年第 3 期。

② 《信访工作法制化建设迈出重要步伐——新修订的〈信访条例〉实施三周年综述》，载《人民日报》2008 年 4 月 24 日。

③ 吴邦国：《全国人民代表大会常务委员会工作报告》，载《人民日报》2007 年 3 月 21 日。

④ 贾春旺：《最高人民检察院工作报告》（摘要），载《人民日报》2007 年 3 月 14 日。

万件次以上的高位运行，如果加上各系统、各部门及县级以下各级机构受理的群众信访，数量还要更大，而且其中多年积累的问题解决的难度越来越大，新的问题仍在不断产生，深层次的矛盾逐渐呈现，其中多数涉及群众的切身利益。

2011 年，全国信访形势持续好转。全国信访形势保持了“四下降、一好转”的总体趋势。一是信访总量下降。全国县级以上党政机关受理的来信来访总量为 832.5 万件次，同比下降 14.1%，并连续 7 年保持了总量下降态势。二是集体上访数量下降。全国县级以上党政机关共接待集体上访 27.8 万批次、489.4 万人次，同比分别下降 11.1%、11.3%。三是重信重访数量下降。全国县级以上党政机关受理的重信重访同比下降 20.1%。四是群体性事件数量下降。全国共处置群体性事件 1.9 万起，同比下降 8.2%。五是信访秩序好转。上访人围堵国家机关、阻断交通道路等扰乱信访秩序的现象明显减少，在重大活动和敏感时期没有发生影响社会稳定的重大情况。①

（二）信访问题涉及面广，结构性矛盾突出

群众信访反映的内容涉及方方面面，大至对国家发展、建设提出批评和建议，小到要求解决个人生产、生活中的问题。从近年来群众信访反映的问题看，主要集中在劳动社保、城镇房屋拆迁、农村土地征占、企业改制、涉法涉诉、军队退役人员安置、环境保护、干部作风八个方面，约占信访总量的一半，其余的问题则相对比较分散。这八个方面问题，都与群众的切身利益密切相关，其中多数又与经济体制深刻变革、社会结构深刻变动带来的利益格局调整密不可分。

---

① 王学军：《在全国信访局长电视电话会议上的讲话》（2012 年 1 月 17 日）。

（三）信访形式以走访为主，过激行为时有发生

群众信访的形式呈现为多样性，有书信、走访、电话、传真、电子邮件等，但主要的还是书信和走访两种形式。在全国，群众采取书信形式信访的约占25%，采取走访形式信访的约占75%。在走访中，集体上访（指5人以上）的人次约占走访总人次的70%。经过各级各部门的不懈努力，2006年1月—10月，全国县级以上党政信访工作机构接待的群众集体上访批次、人次同比分别下降了10.9%和15.7%。同年11月与5月相比，到北京重点地区的非正常上访下降了71.3%。但不可忽视的是，集体上访的人次仍占较大比例，有组织的跨地区跨部门的串联集体上访有所增加，上访过程中的过激行为仍不断发生，非正常上访的情况还时有反复，西方敌对势力插手敏感信访问题的情况需引起高度警惕。①

二、构建社会主义和谐社会的基础工作

实现社会和谐，建设美好社会，始终是人类孜孜以求的社会理想，也是中国共产党不懈奋斗的目标。随着改革发展进入关键时期，为着力解决经济社会发展“一条腿长、一条腿短”的问题，在发展经济的同时，加快了以改善民生为重点的社会建设步伐，推动社会主义和谐社会建设。继提出科学发展观重大战略思想之后，又随着对社会建设认识的不断深化，中共中央从中国特色社会主义事业总体布局和全面建设小康社会的全局出发，提出构建社会主义和谐社会的重大战略任务。中共中央、国务院坚持民生优先，把保障和改善民生作为一切工作的出发点和落脚点，

① 中央党校进修一班第40期A班社会发展方向第三课题组：《从信访工作中的突出问题看和谐社会建设的难点重点》，载《中国党政干部论坛》2007年第3期。

逐步健全公共服务体系，加强和创新社会管理，保障全体人民切实共享改革发展成果。

针对进入 21 世纪以来各种社会矛盾集中凸显的客观现实，2002 年召开的党的十六大在部署全面建设小康社会时，提出了“社会更加和谐”的目标。2004 年十六届四中全会提出要加强社会建设和管理，推进社会管理体制创新，深入研究社会管理规律，完善社会管理体系和政策法规，整合社会管理资源，建立健全党委领导、政府负责、社会协同、公众参与的社会管理格局。① 为了进一步推动社会主义和谐社会建设，2006 年 10 月，十六届六中全会通过《中共中央关于构建社会主义和谐社会若干重大问题的决定》，提出到 2020 年，实现全面建设惠及十几亿人口的更高水平的小康社会的目标，努力形成全体人民各尽其能、各得其所而又和谐相处的局面。② 党的十七大进一步提出要“完善社会管理体制，维护社会安定团结”，并对如何完善社会管理进行了全面部署。2010 年 10 月，中共中央政法委员会、中央社会治安综合治理委员会确定了 35 个市、县（市、区）作为全国社会管理创新综合试点，并制定了《全国社会管理创新综合试点指导意见》，细化了社会管理创新的主要内容。2011 年 7 月 5 日，中共中央、国务院印发《关于加强和创新社会管理的意见》，进一步明确了加强和创新社会管理的指导思想、基本原则、目标任务和主要措施。

思想是行动的先导，理念创新是工作创新的基础。要做好新时期的信访工作，就必须站在党和国家工作全局的高度，把信访

① 中共中央文献研究室编：《十六大以来重要文献选编》（中），中央文献出版社 2006 年版，第 287 页。

② 中共中央文献研究室编：《十六大以来重要文献选编》（下），中央文献出版社 2008 年版，第 651 页。

工作放在中国特色社会主义伟大事业的总体布局中去认识、去思考、去谋划，准确把握信访工作与党的中心工作的结合点。2006年8月5日，胡锦涛在听取信访工作汇报时指出：“信访工作是为人民排忧解难的工作，也是构建社会主义和谐社会的基础性工作。”2006年10月，党的十六届六中全会在对构建社会主义和谐社会的整体部署中对信访工作“统筹协调各方面利益关系，妥善处理社会矛盾”方面提出了新的更高的要求，确立了信访工作在构建和谐社会中的基础性地位，赋予了新的职责任务。

2007年3月10日，中共中央、国务院颁发《关于进一步加强新时期信访工作的意见》，明确指出，信访工作是党和政府的一项重要工作，是构建社会主义和谐社会的基础性工作；信访工作作为党的群众工作的重要组成部分，是党和政府联系群众的桥梁、倾听群众呼声的窗口、体察群众疾苦的重要途径。① 2007年3月27—28日，第六次全国信访工作会议在北京举行。会议全面总结了第五次全国信访工作会议特别是党的十六大以来信访工作积累的经验，提出了今后一个时期信访工作的目标和任务，为做好信访工作指明了方向。

十七大报告从加快推进以改善民生为重点的社会建设的高度，强调“要妥善处理人民内部矛盾，完善信访制度，健全党和政府主导的维护群众权益机制”，② 进一步明确了信访工作的定位。把“加快发展社会事业，全面改善人民生活”确立为全面建设小康社会奋斗目标的一个新要求，把社会建设同经济建设、政治建设、文化建设，一起列为中国特色社会主义事业的总体布局

① 中共中央文献研究室编：《十六大以来重要文献选编》（下），中央文献出版社2008年版，第959、960页。

② 中共中央文献研究室编：《十七大以来重要文献选编》（上），中央文献出版社2009年版，第31页。

和基本目标，是十七大报告的新亮点。信访工作是为人民群众排忧解难的工作，它反映的是群众的合理诉求和社情民意，解决的是群众最关心、最直接、最现实的利益问题，化解的是人民内部矛盾和社会不和谐因素，维护的是社会安定团结稳定。所以说，信访工作是以改善民生为重点的社会建设的重要内容。

2010 年 9 月，中共中央政治局就正确处理人民内部矛盾问题进行集体学习，胡锦涛在主持学习时强调：

> 要认真研究和把握新形势下群众工作的特点和规律，深入做好组织群众、宣传群众、教育群众、服务群众工作，加强社会主义核心价值体系建设，加强党和国家方针政策宣传教育，推行领导干部接待群众制度，健全信访工作责任制，及时了解群众心声和实际需求。①

2012 年 7 月 13—14 日，第七次全国信访工作会议在北京召开，强调必须牢固树立全局观念，坚持从维护重要战略机遇期及改革发展稳定大局的高度，主动正视社会矛盾，充分发挥信访工作在构建社会主义和谐社会中的基础性作用。

定位是关于事物地位和作用的明确界定和集中体现，只有解决好定位问题，才能明确方向和目标。中央对信访工作作出了一系列重要决策部署，回答了信访工作面临的一系列问题，明确了信访工作的定位，即：信访工作是党和政府的一项重要工作，是构建社会主义和谐社会的基础性工作，是为人民群众排忧解难的工作，是党的群众工作的重要组成部分。对信访工作的定位明确

---

① 胡锦涛：《扎实做好正确处理人民内部矛盾工作 为经济社会发展创造良好社会环境》（2010 年 9 月 29 日），载《人民日报》2010 年 9 月 30 日。

了新时期信访工作的地位和作用，不仅涵盖了过去对信访工作的一切表述，而且丰富了其内涵，主要有三层含义：一是信访工作作为党和政府全部工作的重要组成部分，各级党委、政府必须从政治的全局的高度，充分认识做好新时期信访工作的重要性，认真履行做好信访工作的政治责任。二是信访工作作为构建社会主义和谐社会的基础性工作，必须坚持党和政府的统一领导，把信访工作放在党和国家工作全局中去谋划、去部署。三是信访工作作为党的群众工作的重要组成部分，必须充分发挥信访工作是党和政府联系群众的桥梁、倾听群众呼声的窗口、体察群众疾苦的重要途径等作用，要在正确处理人民内部矛盾、维护社会和谐稳定，加强党风廉政建设和反腐败斗争中发挥重要作用。这个定位是贯穿整个《关于进一步加强新时期信访工作的意见》的主线，是“纲”，是“魂”，意见的全部内容都是围绕这个定位展开的。

三、探索大信访工作格局的综合考量

信访中的问题，有的涉及几个部门或地区，信访部门虽然是个综合部门，但它不能把什么问题都包揽下来。现行的信访工作体制机构庞杂繁多，归口不一。中央信访机构与中央各部门及地方信访机构之间没有严格意义上的隶属关系，中央信访机构对地方、中央直属部门的信访机构之间的管制协调能力十分有限，缺乏强制约束力。国家信访局经过2000年的机构升格，已成为副部级单位，但仍属于中央办公厅、国务院办公厅管理的国家局，尚未列入中央国家机关系列。地方各级信访机构直属于本级党委、政府，规格与有权承办单位平级，甚至更低，缺乏解决问题的有效资源和实际权力，不具有相对独立性，也不能对承办单位的实体处理意见进行监督。

在社会转型、矛盾多发的形势下，信访问题已不是某一个部门的工作，而是关系全局、牵涉各方的工作；信访工作也不是阶段性的工作，而是需要新时期坚持不懈抓好的一项重要工作。新的形势和任务要求建立与之相适应的工作新体制。整合现有的各种资源，构建大信访工作格局已成为信访工作者和社会各界的共识。然而，具体到构建大信访工作格局路径选择上却众说纷纭，莫衷一是，概括起来，有以下三种表述。

（一）人大体系下的大信访工作格局

人民代表大会制度是我国的根本政治制度，是人民当家作主、参与管理国家大事和实现公民宪法权利的首要途径。在我国，人民代表大会代表是人民选举产生的，代表人民的利益和意志，参加人民代表大会，统一行使国家权力。概括起来，以人大为中心的大信访格局有以下两种模式：

一是保留原信访部门，采取人大主导下的联合模式。将现在人大的信访机构作为总协调点，统一受理信访案件，而其他部门的信访机构则作为人大信访机构派驻的工作部门，建立一种以人大信访为中心、各部门信访为具体负责办事机构的联合模式。[①]赵树凯提出："在各级人大常委会之下设立比较完备强大的信访机构，将信访监督和人大常委会对于政府及其他权力机关的监督结合起来，将上访事件的处理和人大常委会经常性的执法检查结合起来。"[②] 于建嵘主张从行政、法律、政治三个层面改革信访制度，长期的政治治本之策是撤销各级政府职能部门的信访机构，把信访集中到各级人民代表大会，通过人大代表来监督"一府两院"的工作，并系统地建立民众的利益表达组织。[③] 人民代

① 茹继田：《改革信访制度的设想》，载《南方周末》2004 年 10 月 4 日。
② 赵树凯：《走近上访群体，反思信访体系》，载《改革内参》2004 年第 3 期。
③ 于建嵘：《中国信访制度批判》，载《中国改革》2005 年第 2 期。

表大会作为我们国家的最高权力机关，它的制度程序设计本来是最有利于监督政府、传达民意的，而且强化人大系统切实发挥人大制度的作用，是在不影响我们制度根基的情况下完善民主的最稳妥和最简易的突破口。

二是撤销各部门信访机构，统一于人大的单一模式。有学者主张撤销各部门的信访机构，将其集中放在全国人民代表大会和地方各级人民代表大会之下，成立一个专门处理信访个案的专门委员会，与人大的其他专门委员会相并列，并系统地建立民众的利益表达组织。信访委员会通过人大代表来监督“一府两院”的工作，受理公民、法人和其他组织就行政机关、司法机关的执法和司法行为是否合法、是否合理的各类案件，以调查、建议等方式指导行政机关和司法机关作出更符合信访人合法利益的改进。这种建议和指导不具有当然的法律强制力，但其结论应受到相应国家机关的重视。①

把信访全部集中到各级人民代表大会，通过人大代表来监督“一府两院”的工作，以加强系统性和协调性。建立人大主导下的信访格局，与我国的人民代表大会制度相适应，有助于强化信访监督的合法性和信访机制运行的顺畅性，而人大作为权力机关，通过信访监督也达到了切实履行其职能的目的。

（二）党政、人大、司法“各司其职、三位一体”的大信访格局

周梅燕认为必须坚决修正现行信访制度中与法治不相符的做法，维护司法裁判的权威，走出利用信访形式在现行法律制度外恶性循环的怪圈，为此，他主张分别设置执政党、政府、人大、司法信访机构，各司其职，同时倡导社会组织参与信访

---

① 王亚美、陈晋胜：《中国信访制度的回顾与展望》，载《山西农业大学学报》2006年第3期。

代理制度。有学者认为，在信访机构处理的大量社会矛盾和纠纷中，许多涉法涉诉案件也涌入了信访渠道。虽说我国的司法体制还有待进一步完善，但是让党政信访机构来解决司法系统产生的矛盾纠纷，始终是不合理的，也容易造成行政权威高于法律权威的负面影响。信访制度的改革既不能简单地强化信访部门的权力，通过提升信访部门的权威来予以实现，也不能采取“休克疗法”，大刀阔斧削弱甚至干脆取消信访制度，依靠法律途径解决问题。转型期信访制度改革必须充分挖掘信访制度的积极功能，有效地整合信访资源，根据党政、人大、司法各自的性质重整信访组织体系，确定功能重心，努力探索信访救济与司法救济的契合点。鉴于目前我国各级党政机关、人大、司法都设有相应的信访机构，我们可以充分利用现有的资源进行整合，构建党政、人大、司法三位一体、各司其职的大信访格局，引导群众根据不同诉求选择不同救济渠道，从而将大量的社会矛盾和纠纷进行合理分流。

基本的改革思路是：（1）党政信访机构的主要职责应该是负责处理行政系统内部或管辖范围内的各类社会矛盾和纠纷。在党政信访机构合二为一的基础上，组建独立的、地位较高的信访机构，进一步完善政府内部的信访体系，实行横向一块，纵向到底，建立省、市、县、镇统一的信访机构。通过信访机构的利益表达和纠纷化解实现行政系统的内部监督。（2）提升人大的信访权威，强化人大信访的决定功能，建立人大监督专员制度，通过群众信访实现对“一府两院”的监督。（3）将涉及诉讼的案件从原来信访中剥离出去，并将其完全纳入规范处理的司法轨道，同时加强人大、社会各界对司法机构处理信访案件的监督，将司法机关信访制度的改革纳入整个司法体制改革的大框架之中。

“三位一体”大信访格局的结构要素

组织类别	党政信访	人大信访	司法信访
性质	行政体系的内部监督	权力机关的外部监督	权利救济
职能范围	求决类、参与类	求决类、参与类	涉法涉诉类案件
执行机制	自上而下的行政权力	最高权力机关	国家法律
改革措施	立法强化职权	建立人大监督专员制度	纳入规范处理的司法轨道

（三）党政主导的大信访工作格局

在党政主导的大信访工作格局模式中，起核心作用的是党委、政府联合信访机构，甚或直接是党政部门，可称为党政主导的大信访工作格局。这种模式理论表述虽有欠缺，但在实践中却卓有成效，不断创新。从理论上对其论证的多为信访工作者或个别学者，具体表述不一，多见于信访部门工作文件或领导讲话。

十六届四中全会通过的《中共中央关于加强党的执政能力建设的决定》明确提出“规范党政机构设置，完善党委常委会的组成结构，适当扩大党政领导成员交叉任职，减少领导职数，切实解决分工重叠问题，撤并党委和政府职能相同或相近的工作部门”的任务。因此，在现行体制下党政信访机构已经基本实现合并（实行两块牌子一套班子的管理方式）的基础上，可提升党政信访机构的权力地位，将其作为党委和政府的一个常设机构，统一名称、统一级别，如信访监察部（局）。为便于和各职能部门协调和沟通，可由主要政府领导兼任部长（局长），并考虑将现有的政府信访机构与监察机构合并，纳入“信访监察局”之中，专门受理涉及政府公共行政管理领域及国家公共事业运营机构的各类投诉和求决，向各级人大负责并报告工作。同时，通过立法赋予信访监察局一定的职权，提高处理监察信访的效能。并且，在党政信访的组织结构上，实行横向一块，纵向到底，建立省、市、县、镇统一的信访机构，内部按系统设立党风党纪口、社会行政管理口、政法口、劳动和社会保障口、农村口等。此外，弱化甚至废除党政信访机构的权利救济功能，建立党政信访机构与司法部门的诉讼类信访案件的传送机制，将诉讼类信访案件划归司法部门。① 有学者指出，所谓“大信访”，就是党委、政府统揽，部门负责，形成上下联动、左右配合、控源治本、综合治理、齐抓共管的信访工作格局。② 国家信访局督察专员张锡杰在其撰写的《新时期信访工作创新研究》中指出：中国特色的信访制度，是党和政府主导的维护群众权益的机制，“必须进一步完善党委政府统一领导、信访部门组织协调、各相关部门齐抓共管的切实维护群众权益的大信访格局”③。

从理论上考量，在选择社会改革方案时，必须充分考虑现实合理性因素，现实合理性是第一位的；逻辑合理性是由现实合理性之中产生出来的，是第二位的。“只要这样按照事物的真实面目及其产生情况来理解事物，任何深奥的哲学问题……都可以十分简单地归结为某种经验的事实”，④ 在现实合理性与逻辑合理性产生矛盾时，逻辑合理性只能服从于现实合理性。

从逻辑合理性考量，构建人大体系下的大信访格局无疑是最优选择。首先，符合我国民主政治体制。《中华人民共和国宪法》第 2 条规定：中华人民共和国的一切权力属于人民。人民行使国

① 马斌：《寻找行政与法治的平衡——转型期信访制度改革的路径选择》，载《政府科学管理》2005 年第 6 期。

② 龚武生：《按照“三个代表”要求，构建“大信访”格局》，载《学习导报》2001 年第 4 期。

③ 张锡杰：《新时期信访工作创新研究》，载《内部参阅》（国家信访局办公室）第 3 期，2008 年 1 月 16 日。

④ 《马克思恩格斯全集》第 1 卷，人民出版社 1995 年版，第 76 页。

家权力的机关是全国人民代表大会和地方各级人民代表大会。人民依照法律规定，通过各种途径和形式，管理国家事务，管理经济和文化事业，管理社会事务。宪法的这一规定，说明我国的各级人民代表大会，是人民行使当家作主权力的机关，同时宪法还为人民参与国家生活规定了广泛的参与渠道，上述规定恰恰与信访制度的实质目标相吻合。宪法第 3 条规定：中华人民共和国的国家机构实行民主集中制的原则。国家行政机关、监察机关、审判机关、检察机关都由人民代表大会产生，对它负责，受它监督。具体而言，人民代表大会享有选举权、罢免权、质询权、立法权、调查权、审议权等专项权力，这些权力的行使必须以民意和事实为基础，而信访个案则正好提供这样的案件事实和民意信息，从而可以与人民代表大会制度相衔接。

其次，这种模式有利于信访制度发挥功能优势：（1）将人大的信访机构作为主要负责机构的同时，再辅以各部门的信访机构，统一对人大的信访委员会负责，这样配置的合理性在于可以将信访资源进行统一的调配，形成一个比较完整的信访处理体系，有利于发挥信访的信息沟通功能，便于人民群众反映社情民意，及时将好的建议提供给立法机关，制定出更加科学、更加合理的政策和法律。（2）从信访的机构设置来看，可以脱离行政权力和司法权力的干涉，保持相对独立性和客观性，一方面利于对公民的合法权益进行救济，另一方面也方便对行政机关和司法机关进行监督。（3）信访委员会成为专门受理信访案件的机关，有利于信访事业向专业化、规范化和现代化的方向发展，这样可以集中处理热点、难点问题，节省社会资源，提高工作效率。①

---

① 田文利：《信访制度改革的理论分析和模式选择》，载《社会科学前沿》2005 年第 2 期。

最后，这种模式有利于国家的稳定和发展：从我国的现实情况而言，正处于社会转型时期，新的信访制度还没有完全建立起来，旧的信访制度还在不同程度上发挥着作用，因此就更需要有一种开放的、灵活的机制来协调各种矛盾，减少对国家制度的冲击力，确保社会的稳定和发展。在这样的前提下，建立一种稳妥的制度来消除人们对社会的不满、促进社会公平就显得尤为必要。对于信访制度来讲，其汇集信息、舒缓矛盾、矫正不公的制度功能正好可以发挥独特的作用。

然而，从现实利弊考虑，在已有条件下，构建人大体系下的大信访格局时机尚未成熟。我国人大监督制度还不够完善，信访工作机构如果划归人大，原有的监督机制没有了，新的也难以建立。另外，构建这种模式需要的前提条件也是很高的：一是需要配合我国的人大体制改革，二是需要培养和挑选高素质的信访专业人员，三是需要一定的过渡时间。同时，由于国家资源主要掌握在行政机关手中，信访工作机构转入人大，可支配的资源有限，工作开展也会受到影响。从中央到地方，各级党委、人大、政府、法院和检察院及相关职能部门都设有信访机构，其中起到核心作用的是党委政府联合信访机构（大部分地区在过去均采用这种体制）。

随着现代社会的高度分工和专业化，将信访制度统一于人民代表大会，建立“一元化”的信访工作模式也不切实际，人大信访机构也决不应该包办解决其他国家机关和社会组织法定职权范围内的信访问题。

至于“三位一体，各司其职”的大信访格局，实质上是对现有的信访权进行分解，相应地拓宽公民参政和维权的渠道，保障公民通过多元化的制度管道行使和维护宪法规定的各项权利。这种模式良性运行的前提是行政、立法、司法三部门权力独立，互相制衡。这种模式实际上是西方“三权分立”体制的简单翻版，虽然在一定程度上可以通过明确分工、各司其职处理信访问题，但无法从根本上解决信访体制存在的弊端。

从现实合理性考量，应坚持党政主导的大信访格局，并进一步深入改革创新。但是，必须承认，这种模式确实存在若干缺陷，必须尽快予以改革、调整。需要强调的是，坚持既存的大信访格局，并非否认信访体制的继续改革创新。坚持当前的大信访格局体制是为了解决现行信访体制弊端和社会稳定问题，大信访格局的继续改革创新是为了从根本上解决信访体制弊端、构建和谐社会。因此，为了国家的长治久安，党政主导的大信访格局必须坚持；同时，也必须进行改革，必须按照逻辑合理性进行改革。

2005 年《信访条例》和 2007 年 3 月《中共中央、国务院关于进一步加强新时期信访工作的意见》明确指出：新时期信访工作，要构建“统一领导、部门协调，统筹兼顾、标本兼治，各负其责、齐抓共管的信访工作新格局”。[①] 任何把复杂问题简单化处理的设想都是不切实际的，中国信访工作制度模式的选择必须是党政统筹多元化。

四、健全信访工作机制和创新工作方法

这一时期，我国信访工作快速迈上法治化进程，形成了以《中共中央、国务院关于进一步加强新时期信访工作的意见》为纲领，以《信访条例》为主体，以《关于违反信访工作纪律处分暂行规定》这一法规性文件和领导干部定期接访、机关干部下

① 《中共中央、国务院关于进一步加强新时期信访工作的意见》，载《人民日报》2007 年 6 月 25 日。

访、矛盾纠纷排查化解等制度文件为重要补充，以地方与部门相关法规、规章和制度为衔接配套的较为完备的信访工作法律制度体系。

为了进一步强化责任，更有效地预防和惩处信访工作违纪行为，切实维护人民群众的合法权益，维护信访工作秩序，促进社会和谐稳定，2008 年 6 月 30 日，监察部、人力资源和社会保障部、国家信访局联合发布了《关于违反信访工作纪律处分暂行规定》；同年 7 月 4 日，中纪委发布了《关于违反信访工作纪律适用〈中国共产党纪律处分条例〉若干问题的解释》，从制度层面强化了信访工作责任，第一次就信访工作责任追究作出专门规定，对进一步落实信访工作责任、保护信访人合法权益具有重要意义。

2009 年 1 月 18 日，中共中央办公厅、国务院办公厅转发《关于领导干部定期接待群众来访的意见》《关于中央和国家机关定期组织干部下访的意见》《关于把矛盾纠纷排查化解工作制度化的意见》，分别对领导干部定期接待群众来访、机关干部定期下访、矛盾纠纷排查化解的重要性、方式方法、工作重点、措施和组织领导等提出要求。《关于违反信访工作纪律处分暂行规定》《关于违反信访工作纪律适用〈中国共产党纪律处分条例〉若干问题的解释》和上述“三个意见”，是进一步贯彻落实《关于进一步加强新时期信访工作的意见》和《信访条例》的具体规定和措施，是信访制度规范体系中的重要补充。其中《关于违反信访工作纪律处分暂行规定》和《关于违反信访工作纪律适用〈中国共产党纪律处分条例〉若干问题的解释》“两个法规性文件”是对《关于进一步加强新时期信访工作的意见》和《信访条例》规定的信访工作领导责任及违反信访工作纪律责任追究的具体化；“三个意见”是对领导干部接访制度、机关干部下访、矛盾纠纷排查化解机制的制度化、规范化。

各地各部门在贯彻落实《关于进一步加强新时期信访工作的意见》和《信访条例》的过程中，根据本地本部门的实际情况，也相继制定与之配套的法规和制度，形成了比较完整的信访工作法规制度体系，细化和丰富了《关于进一步加强新时期信访工作的意见》和《信访条例》的规定。① 这些地方性法规和部门规章对信访工作的各个环节和信访人的行为进行了较为全面的规范，是信访制度规范体系的有机组成部分。

《关于进一步加强新时期信访工作的意见》下发后，各地各部门迅速开展贯彻落实工作，不断提高信访工作效率和管理水平，推动了统一领导、部门协调，统筹兼顾、标本兼治，各负其责、齐抓共管信访工作新格局的进一步形成。

联席会议是构建大信访工作格局的有效方式之一，也是化解矛盾纠纷、构建社会主义和谐社会的一个长效机制和工作体制。2005 年《信访条例》总则第 5 条指出：县级以上人民政府应当“通过联席会议、建立排查调处机制、建立信访督查工作制度等方式，及时化解矛盾和纠纷”。② 客观地说，信访联席会议制度由于有各职能部门参加并召开联席会议，在解决某个具体问题的时候自然要比信访局更加有效，因此信访联席会议在短时间内起到了一定作用，解决了一些长期积累的矛盾。但是它同样也存在弊端，联席会议具有一种“特事特办”的性质，并非一种日常性

---

① 如《中国气象局贯彻〈信访条例〉实施细则》（2005 年 10 月 19 日颁布）、《教育部信访工作规定》（2005 年 10 月 26 日颁布）、《最高人民检察院信访工作规定》（2007 年 3 月 6 日颁布）、《民政信访工作办法》（2011 年 7 月 1 日颁布）、《北京市信访条例》（2006 年 9 月 15 日颁布）和《拉萨市信访工作办法》（2008 年 6 月 19 日颁布）、《西宁市重大信访事项责任追究试行办法》（2010 年 4 月 9 日颁布）等。

② 《信访条例》，中国法制出版社 2005 年版，第 3 页。

的工作机制。面对众多的信访事件，地方官员不可能为每件事都去开一次联席会议。在实际操作中，各地联席会议通常以突击解决上级督办的上访案件为主。由于联席会议往往只以上级督办的上访案件为议题，所以上访者若想使某一事件成为联席会议的议题，就不能只在当地上访，而必须去省里上访、进京上访。联席会议制度只是构建大信访格局的重要方式之一。联席会议以及联席会议办公室的职能职责是其他部门所无法替代的，这一制度的出现使各信访部门之间相互协调并使上访的问题能够得到有力的解决。只有妥善利用这一工作平台，整合现有的信访和监察系统，各负其责、齐抓共管，才能从根本上解决信访缺乏统一协调、无权处理的问题。

2005年以来，河南省委、省政府按照中央关于加强新时期信访工作的一系列决策部署，创造性地探索了一条以群众工作统揽信访工作的新道路。2005年初，义马市委、市政府针对新形势下信访稳定工作遇到的新情况、新问题，对信访机制进行了改革，即构建一个平台，健全一个网络，完善五项机制：一个平台，就是群众工作部；一个网络，就是群众工作网络；五项机制，就是民意沟通机制、评估听证机制、便民服务机制、社会保障机制、排查调处机制。2006年8月11日，中共河南省委、河南省人民政府作出了《关于在全省学习推广义马经验进一步做好新形势下信访稳定工作的决定》，在市、县（市、区）信访局的基础上设立群众工作部，作为同级党委工作部门；同时保留信访局为同级政府工作机构，“一个机构，两块牌子”，负责群众工作的组织指导和综合协调。截至2008年4月，全省18个省辖市已有15个成立了市委群众工作部，158个县（市、区）全部成立了县（市、区）委群众工作部。2006年，河南省信访形势发生了可喜变化，全省信访总量13年来首次下降，同比下降19.9%。2007年上半年，河南省群众赴京信访呈现“四个下降”：总量下降，批次和人次分别下降53.1%、44.7%；初访下降，批次和人次分别下降31.5%、23.9%；重访下降，批次和人次分别下降98.2%、98.3%；集体访下降，批次和人次分别下降61.3%、24.4%。[①]“义马经验”引起了社会各界的高度关注，在全省乃至全国产生了积极广泛的影响。除河南外，全国已有10个省份的18个地市、137个县（市、区）成立群众工作部[②]，并逐渐形成了一套较为成熟的组织和工作机制。

建党90周年之际，中共海南省委群众工作部于2011年6月15日下午正式成立，省信访局升格为正厅级单位与省委群众工作部合署办公。这是全国第一个省级层面的群众工作部。[③]用群众工作统揽信访工作，来自多年信访工作的实践，是对共产党的群众工作、信访工作理论的丰富和发展。

第一是信访工作的定位回归。信访工作说到底是群众工作，党的宗旨是为人民服务。“群众工作部”的设立，从制度上确立了信访工作是党和政府全部工作的重要组成部分，是群众工作的重要组成部分，实际上是把信访工作与党的群众工作、政府的社会管理工作有机地融为一体。浙江省诸暨市等地加强人民调解、行政调解、司法调解相衔接的社会矛盾纠纷“大调解”工作体系建设，探索完善第三方调解机制，成立医患纠纷、征地拆迁纠纷、交通事故纠纷等行业性、专业性调解组织和工作平台。

第二是现实条件下对各种信访资源的整合。信访中的问题，

---

① 《用创新精神破解“天下第一难”——河南省创新信访工作调查》，载《人民日报》2007年9月23日。

② 《构建新时期信访工作新格局——各地各部门贯彻落实中央5号文件精神综述》，载《人民日报》2007年9月26日。

③ 《重唱“群众”这首歌》，载《南方周末》2011年7月7日，第8版。

有的涉及几个部门或地区。而现行的信访工作体制机构庞杂繁多，归口不一，信访机构之间的管制协调能力十分有限，缺乏强制约束力。由于各种不同信访机构之间的职能和权力界限不清，造成了相互推诿、敷衍和拖延等现象，限制了信访组织在解决信访问题上协调功能的发挥。中国特色的信访制度，是党和政府主导的维护群众权益的机制。群众工作部的设立是对现有信访组织及其功能进行的整合，增强信访机构的职能，提高其协调解决信访问题的能力，这是当前中国信访制度改革的现实选择。

第三是信访工作机制的调整，从被动回应转变为主动应对。新中国成立后信访制度的制定、完善和调整基本上是在信访高潮后发生的，信访规则变迁是在一种被动的姿态下完成的。这种变迁路径具有消极性和保守性，而不具备足够的前瞻性和创新性。信访规则一俟出台便可能落后于信访形势发展，从而失去化解信访矛盾的主导性。由于群众工作部的工作机制已经从被动接访向主动寻访转变，主动了解、化解矛盾，在事关群众利益的决策过程中，必然会事前积极了解民意，与群众协商，将民意充分体现在决策过程中。比如把信访风险评估机制、质询机制、公开评议机制引入到群众工作中去，坚持关口前移，力求在决策前便能维护和保障群众合法权益。同时在群众问题产生的源头和化解渠道上下功夫，尽可能减少群众问题的产生。信访工作机制的创新，是提高信访工作质量和效率的关键。2007 年 3 月，《中共中央、国务院关于进一步加强新时期信访工作的意见》指出要“建立健全长效工作机制，努力提高信访工作效率和管理水平”，为此提出了建立“四个长效机制”，即：建立健全信访工作综合协调机制、建立健全信访问题排查化解机制、建立健全信访信息汇集分析机制、建立健全信访工作督查机制。① 这些都要求要把机制的建立和健全放在全部信访工作的重要位置，立足当前，着眼长远，锲而不舍地探索和全面推进信访工作长效机制的形成与建立，加强社会矛盾源头治理，妥善处理人民内部矛盾，把矛盾化解在基层、化解在萌芽状态。

面对着信访工作遇到的新情况、新问题，为了适应新时期信访工作的要求，各地各部门从切实维护人民群众的根本利益出发，审时度势，创新信访工作思路，主动融入、积极推动构建信访工作大格局，创造了许多切实有效的好方式、好做法。

信访工作是各级领导机关的一项重要职责，各级机关领导要做好信访工作最重要的一项任务，就是要履行好信访工作责任制。信访工作领导责任制是由多项工作制度和工作要求组成的，其中，领导接待日制度、下访制度和领导包案制度是落实领导信访工作责任制的重要制度。

各地各部门纷纷设立领导接待日制度，切实帮助群众解决实际问题。农业部、广电总局等部门坚持每月一次的部（局）领导接待日制度，认真了解和处理来访群众反映的问题。2008 年 3 月 15 日，昆明市政府发出关于实行“市长接待日”制度的公告，实行“市长接待日”制度，设立批示办理制度、协调制度、督办报告制度、责任追究制度。自 2008 年湖北省组织开展的县委书记大接访活动以来，把“办公桌”搬到基层一线去，从“背靠背”到“面对面”，从“你上来”到“我下去”，各地在实践中不断总结和完善方式方法，取得明显成效，其做法和经验在全国得到推广。全国 2800 多个县的党政领导干部纷纷走上接访一线，

---

① 《中共中央、国务院关于进一步加强新时期信访工作的意见》，载《人民日报》2007 年 6 月 25 日。

仅半年时间，就接待群众来访 87.9 万批次、387.4 万人次，解决了大量信访问题。[1] 2009 年 4 月，中共中央办公办、国务院办公厅转发《关于领导干部定期接待群众来访的意见》，要求领导干部定期接待群众来访，坚持公开透明、规范有序，方便群众、解决问题的原则。领导干部定期接待群众来访的主要方式方法有：公示、接访、包案、落实。从 2010 年开始，中央联席会议把领导干部接访作为每年的主要工作进行重点部署、重点检查；2011 年 12 月，在浙江宁波召开了现场会，交流总结各地经验，并下发文件，从制度层面进一步深化领导干部接访工作，领导接访逐步实现了制度化。

领导下访是信访工作的一种基本形式和主要方法，是开创信访工作新局面的有效举措。与领导接待日制度相比，领导下访制度的内容和方式有很多相同之处，在处理问题上都是发挥领导的作用协调化解信访突出问题，在接待方式上都需要领导面对面地做信访群众的工作，在工作机制上高度重视对信访问题的协调督办等。从 2007 年 3 月份开始，河北省保定市组织市县乡三级 18000 多名干部，深入全市 6200 多个村，用干部“大下访”促进基层矛盾纠纷的“大化解”。山东省曹县纪委建立干部下访长效机制，制定了纪检干部下访制度，规定县纪委每年至少组织 6 次干部下访活动，到信访量大、信访问题突出的村接待信访群众。这些好的经验与做法为各地建立和推行领导下访制度提供了借鉴。2009 年 4 月，中共中央办公厅、国务院办公厅转发《关于中央和国家机关定期组织干部下访的意见》，要求“中央和国家机关各部门要把干部下访作为一项重要工作，统一组织每年至少

① 《为党分忧 为民解难——第六次全国信访工作会议以来信访工作成就综述》，载《人民日报》2012 年 7 月 13 日。

一次，分散组织根据本部门实际情况自行安排”。

对一些重大、疑难、复杂的信访问题，各地普遍建立了由党政主要领导包案会审和带案下访制度，明确责任，亲力亲为，建立台账，限期结案，一包到底。2007年以来，烟台市对排查出的200多起涉及农村土地征用、城镇房屋拆迁、国有企业改制、环境保护、劳动和社会保障等方面的重点信访案件全部实行了市领导包案。领导包案，集中化解了大批疑难复杂矛盾纠纷。浙江、甘肃、辽宁等地普遍推行重点信访案件领导包案制度，特别是采取“老案领导包、新案要倒查”的办法，做到了包协调、包督办、包落实、包稳控，仅2006年，省市县三级领导就包案解决疑难信访案件1.2万余件。

信访渠道的畅通与否直接决定着党和政府能否及时了解社情民意，决定着人民群众能否实现宪法赋予的参政议政、批评建议的权利。《信访条例》通篇都围绕着进一步畅通信访渠道作了相应规定，总则、信访事项的提出、信访事项的受理、信访事项的办理和督办各个章节都已有论述，2005年《信访条例》新增添了第二章“信访渠道”，共5条，专门就畅通信访渠道的相关问题作了比较详细的规范。

开通网上信访，是畅通信访渠道、方便群众表达诉求的一种有效渠道。民政部是我国“政府上网工程”的发起单位之一，在2000年1月开通网站（www.mca.gov.cn）同时，民政部信访办公室还通过电子信箱开展网上信访工作。国家信访局在全国29个省份选取100个单位进行了“网上信访”试点，与全国信访信息系统联网，构建成了高效、便捷的反映民意、纾解民困的新通道。第六次全国信访工作会议以来，全国信访信息系统不断完善，各省、区、市和46个中央部门与全国信访数据中心实现互联互通。2009年1月1日，国家投诉受理办公室开始试运行，信访人可以通过国家信访局网站“网上投诉”栏目或致信国家投诉受理办公室提出投诉事项，搭建了快捷高效受理群众诉求的新平台。“网上信访”的建设运行，改变了信访结构，传统信访量明显减少，方便群众网上信访和网上查询信访事项办理情况，增加信访的便捷性和信访办理的透明性，减少信访成本和社会成本。

“专线电话”是方便群众向地方行政主要负责人提出意见建议的专门电话，是群众表达诉求的重要渠道。“专线电话”具有方便、快捷、受众面广的特点，在解答群众咨询、解决群众日常生活中遇到的困难、参与公共事务管理、维护社会稳定等方面具有明显的优势。1983 年，武汉市和沈阳市政府率先开通市长热线，截至 2007 年 6 月，全国已有 600 多个城市开通。科学合理的运行机制，是专线电话畅通工作的保障，要优化机构运行机制，必须整合各种专线电话。不少城市除 12345 外，还有 12315（工商）、12358（物价）、12369（环保）、12366（税务）等诸多行业热线电话，有的城市热线电话超过 100 个。2007 年，北京、南宁、厦门、济南、大庆市已开始不同程度地整合了市内的热线资源，广州、哈尔滨正在酝酿之中。2007 年 5 月 15 日，北京市非紧急救助服务中心正式开始运转。中心拥有 200 个座席，在统一号码“12345”下，整合了原有各区县及各相关职能部门的政府服务热线和公益性服务热线，实现了对全市除紧急报警之外的一切公众咨询、求助的统一受理。

为了保证信访渠道畅通，一些地方探索建设信访“绿色通道”，开通免费专线电话，信访电邮专人负责，实行信访案件限时办理、及时回执答复制度，确保“件件有着落、事事有回音”。各级各部门均成立了“绿色通道”领导小组，设立“绿色通道”办公室具体负责各项工作的实施，对“绿色通道”工作定期进行分析、调研、总结，提出合理化的意见、建议。辽宁全省开通了人民来信绿色通道，对群众上访信件免收邮资，还建立了省、市、县（区）信访联合接待大厅，及时迅速地办理信访事项。2007 年 3 月 1 日，湖南省开通“人民来信绿色通道”，省信访局设立来信查询电话，实行公开办信。为规范办理程序，确保运作质量，山东省嘉祥县把办理程序规定为“十个关口”，即：邮递、呈报、交办办理、告知、受理、答复、审查交办办结信件、回访、反馈、结案归档。

信访代理制度是地方政府信访工作在拓宽信访渠道方面的一项新尝试，山东省章丘市设立信访代理服务中心，负责全市信访代理工作的协调调度；在乡镇（街道）设立信访代理服务分中心，每个分中心有 3 名信访代理员；在村（社区）和企事业单位设立信访代理工作站，每站有 1 至 3 名信访代理员。至 2007 年，全市共设立信访代理服务分中心 56 个，信访代理工作站 1251 个，已形成上下贯通，市、乡镇（街道）、村（社区）三级联动的信访代理工作网络。2006 年，全市各级信访代理机构和信访代理员共化解各类矛盾纠纷 8400 多件次，代理各类信访事项 520 件次，90% 以上得到妥善处理，群众越级上访和重复上访同比下降 45% 和 84%，有力地促进了社会的和谐稳定。一些地区信访代理的推行已经取得了很好的社会效果。济南市以双向承诺为基础，积极探索建立了“群众张嘴、干部跑腿”的信访代理制度，村村设立信访代理站，由代理员代群众“信访”，减少了越级上访、重复上访。

构建信访网络平台，建立信访信息系统，对做好信访工作有着至关重要的作用。全国信访信息系统于 2006 年底完成一期工程，并于 2007 年 1 月 4 日正式开通。截至 2007 年 6 月，已有 19 个省、自治区、直辖市建成了信息数据中心，为实现“纵向打通”的目标奠定了基础。国家信访局在全国 29 个省份选取 100

个单位进行了“网上信访”试点，与全国信访信息系统联网，构建成了高效、便捷的反映民意、纾解民困的新通道。为进一步畅通信访渠道，经批准在国家信访局设立国家投诉受理办公室，依据《信访条例》负责受理通过电子邮件和信函提出的投诉事项。2009 年 1 月 1 日起，国家投诉受理办公室开始试运行。信访人可以通过国家信访局网站“网上投诉”栏目或致信国家投诉受理办公室提出投诉事项。

第八章　新时代信访工作的高质量发展（2012—2022 年）

信访工作是党的群众工作的重要组成部分，是了解社情民意的重要窗口。党的十八大以来，开启了新时代坚持和发展什么样的中国特色社会主义、怎样坚持和发展中国特色社会主义这个重大时代课题的探索，取得了改革开放和社会主义现代化建设的历史性成就。习近平总书记就加强和改进人民信访工作作出系列重要指示和重要论述，进一步明确了信访工作的职能定位，系统回答了信访工作是什么、信访形势怎么看、信访工作怎么干等重大理论和实践问题，为做好新时代信访工作提供了根本遵循。党中央、国务院先后出台了一系列的信访工作制度改革举措，聚力打造阳光信访、责任信访、法治信访，着力推进信访制度的法治化、信息化和专业化，凝聚改革共识，信访工作能力不断提升。全国的信访形势持续好转，呈现出“信升访降”的良好趋势，网上信访逐步成为解决信访问题的主渠道，涉法涉诉信访开始“由访转法”，逐步回归法治轨道解决，信访工作能力不断提升，信访制度的改革和创新实现新的突破，开创了新时代信访高质量发展新局面。

一、社会主要矛盾转变下的信访形势

党的十八大以来，中国特色社会主义进入新时代，社会主要矛盾已经转化为人民日益增长的美好生活需要和不平衡不充分的发展之间的矛盾。信访是反映社情民意的晴雨表，社会主要矛盾的新变化自然会反映在信访领域，必然对信访工作效能提出更高要求。

（一）社会主要矛盾的转变与信访形势

新时代新征程，确立了在全面建成小康社会的基础上，分两步走全面建设社会主义现代化国家的奋斗目标，人民对美好生活的需要更为广泛，提出了更高要求。党的十九大报告指出：中国特色社会主义进入了新时代，这是我国发展新的历史方位。这标志着我国社会主要矛盾已经转化为人民日益增长的美好生活需要和不平衡不充分的发展之间的矛盾。① 从“物质文化需要”到“美好生活需要”，从“落后的社会生产”到“不平衡不充分的发展”，关注的光圈变大了，问题的聚焦却更精准。经过不懈努力，解决十几亿人的温饱问题、人民生活总体达到小康水平这两步战略目标，已经分别在 20 世纪 80 年代末、20 世纪末顺利实现。随着时代发展，人民美好生活需要日益广泛，不仅对物质文化生活提出了更高要求，而且在民主、法治、公平、正义、安全、环境等方面的要求也日益增长，人民群众的需要呈现多样化多层次多方面的特点。中国特色社会主义进入新时代，民生的外延扩大到涵盖人民对美好生活的一切向往。同时，我国社会生产力水平总体上显著提高，社会生产能力在很多方面进入世界前列，在世界上许多方面从跟跑变成并跑，并且逐渐变成领跑。例

① 习近平：《决胜全面建成小康社会 夺取新时代中国特色社会主义伟大胜利——在中国共产党第十九次全国代表大会上的报告》，人民出版社 2017 年版，第 11 页。

如，中国有220多种工农业产品产量居世界首位①，经济实力、科技实力、文化实力、军事实力不断增强，对世界经济增长的贡献率达30%。社会生产已经不再落后，目前更加突出的问题是发展不平衡不充分，这已经成为满足人民日益增长的美好生活需要的主要制约因素。因此，要从新时代我国社会主要矛盾出发，把解决不平衡发展与不充分发展问题有机统一起来，不断提高社会生产力水平，更好满足人民多方面日益增长的需要，更好推动人类全面发展、社会全面进步。

党的十八大以来，党中央、国务院先后出台了一系列的信访工作制度改革举措，对信访工作提出了新任务新要求，更强调信访制度回归本位，依法履行职责。2013年9月，中国向联合国人权理事会提交的国家人权报告在第三部分“促进和保护人权的成绩和做法”中对信访工作给予了充分的肯定：“各级政府及其工作部门、信访工作机构认真贯彻实施《信访条例》，畅通和规范信访渠道，大力推广网上信访、专线电话等做法，完善公民建议征集机制，健全信息汇集分析制度，扎实开展领导干部接访下访、矛盾纠纷排查化解、信访积案化解等工作，切实维护了公民的合法权益。”② 全面深化改革的实践给信访工作带来了活力，改革的正能量推动全国信访形势持续稳中向好。呈现出“信升访降”的良好趋势。2013年1—10月份，信访总量是604万件次，同比下降了2.1%。来信数量上升了3.8%，来访批次、人次分别同比下降了2.1%和3.2%。群众来信中，给党委政府提建议的比例，提高了3.8个百分点。③ 2013年，涉法涉诉信访改革试

① 张高丽：《开启全面建设社会主义现代化国家新征程》，载《人民日报》2017年11月8日。

② 《人民日报》2013年9月25日。

③ 《人民日报》2013年11月29日。

点在全国有序铺开后，党政信访部门涉法涉诉信访下降，中央政法机关的接访量则上升近40%，涉法涉诉信访开始“由访转法”，涉法涉诉信访逐步回归法治轨道解决。2015年，全国信访形势持续好转，信访增量和存量实现“双下降”，大量信访问题得到有效解决。全国信访总量同比下降7.4%，进京上访下降6.5%，非正常上访下降38.2%，群众信访趋于理性，秩序趋于好转。网上信访数量分别超过来信、来访数量，占信访总量的40.1%，实现了信访网上流转网下办理。① 2015年，全国纪检监察机关共接受信访举报281.3万件次，处置问题线索53.4万件，立案33万件，结案31.7万件，给予党纪政纪处分33.6万人，涉嫌犯罪被移送司法机关处理1.4万人。② 2013年1月至2017年10月，全国检察机关共接收群众通过“访”“网”“电”反映的信访195万余件，均依法妥善处理；对1979件重要控告、申诉、举报案件进行交办转办，办结率达81%。指导、协调各地审查民事行政监督案件209945件，受理115472件。③ 与2013年相比，2016年全国信访总量下降23%，全国来访总量下降25.3%，初次信访下降31.3%，呈现出总量减少、结构向好、秩序平稳的良好态势。④

---

① 王比学、魏哲哲：《防风险促发展推改革 创造公平正义的法治环境——2015年全国政法工作述评》，载《人民日报》2016年1月23日。

② 王岐山：《全面从严治党 把纪律挺在前面 忠诚履行党章赋予的神圣职责——在中国共产党第十八届中央纪律检查委员会第六次全体会议上的工作报告》（2016年1月12日），载《人民日报》2016年1月25日。

③ 戴佳：《持续拧紧正风肃纪“螺丝”　不断提升人民群众满意度——党的十八大以来最高检贯彻执行中央八项规定精神情况综述》，载《检察日报》2017年12月22日。

④ 梁士斌：《去年全国信访总量比2013年下降23% 呈现总量减少结构向好秩序平稳态势》，见中国长安网，http：//www. chinapeace. gov. cn/2017 - 07/20/content_11420837. htm。

（二）信访制度的重新定位

信访工作本质上是群众工作，信访工作诞生之初，就是要成为党和政府与人民群众之间的桥梁和纽带。信访制度近70年的发展历程，就是一个“围绕中心，服务大局”的过程。信访由最初的“加强和人民联系的一种方法”，发展到兼具政治参与、权利救济和维护社会稳定的重要功能。权利救济并不是我国信访制度的主要目的或功能，然而在实践中作为补充性救济的信访制度逐渐成为优于司法救济、超越其他行政救济的一种特殊权利，出现信“访”不信“法”的突出现象。

随着全面深化改革战略部署的推进，必将触及现有体制、机制和各种利益关系，引发一些新的利益矛盾，社会矛盾上行趋势明显。在信访形势总体平稳的情况下，一些地方和部门还不同程度地存在损害群众利益、伤害群众感情的现象，尤其是在征地拆迁、劳动和社会保障、教育医疗、企业改制、环境保护等方面的问题比较突出，① 群众反映强烈，群体性利益诉求增多等，引发了大量信访问题，信访突出问题集中。同时，人民群众对维护自身合法权益、实现社会公平正义的期望值越来越高，对加快推进信访制度改革的期待会更加迫切。以上情况，进一步推动信访制度的改革和创新，以总结经验，指导实践。

信访由最初的以听取人民意见和建议为主，发展到监督权力、救济权利，在目前又新增了维护社会稳定的重要功能。信访的功能不断扩大，特别是政治功能的扩大，已经远远超出了其本身的承受能力。由于信访部门并不具有解决事项的实体权力，实际上无法完成权利救济这一职能。这种“责重权轻”的反差使得

---

① 中共中央办公厅、国务院办公厅《关于创新群众工作方法解决信访突出问题的意见》（2014年2月印发）。

信访工作部门承受着巨大的压力：一方面他们承载着党和国家以及人民群众太多的希冀；另一方面囿于自身的职权范围，又无法满足通过信访窗口接收下来的多方面、多层次的要求。因此，在信访的制度功能上，除了要重点明确信访权利救济作为司法救济的补充性功能以外，还要补充信访政治参与、民主监督功能的可操作性制度规定，使信访制度更好地发挥应有的功效。

2012 年党的十八大确立了全面建成小康社会和全面深化改革开放的目标，明确“在改善民生和创新社会管理中加强社会建设”，把“完善信访制度”列为加强和创新社会管理的重要内容。① 2013 年 11 月 12 日，十八届三中全会通过的《中共中央关于全面深化改革若干重大问题的决定》明确提出，全面深化改革的总目标是完善和发展中国特色社会主义制度，推进国家治理体系和治理能力现代化，第一次在中央文件中以“创新社会治理体制”独立成篇，在创新有效预防和化解社会矛盾的体制中要求改革信访工作制度。② 作为密切联系群众的重要渠道和构建和谐社会的基础性工作，信访治理是社会治理的重要组成部分。国家治理涵盖现代化建设“五位一体”总布局和党的建设，而社会治理是国家治理的基础层面。信访制度改革已被纳入全面深化改革的总目标，是创新社会治理体制的重要内容，是实现国家治理体系和治理能力现代化的重要内容。信访不仅承担着化解社会矛盾的传统功能，也发挥着构建和谐社会的基础性作用，它不仅是党和政府密切联系人民群众的桥梁和纽带，也是实现社会风险评估、促进科学民主、依法决策的重要环节；不仅承担着维护社会稳定

---

① 《中国共产党第十八次全国代表大会文件汇编》，人民出版社 2012 年版，第 35 页。

② 《人民日报》2013 年 11 月 16 日。

的新任务，也肩负着构建共建共治共享的社会治理新格局的新使命。

随着党和国家的中心任务和工作重点的发展变化，不同时期信访工作的功能有所侧重，但都离不开加强同人民群众联系这一最根本的功能。2017 年 7 月 18—19 日，第八次全国信访工作会议在北京召开，习近平对信访工作作出重要指示：①

> 各级党委、政府和领导干部要坚持把信访工作作为了解民情、集中民智、维护民利、凝聚民心的一项重要工作，千方百计为群众排忧解难。要切实依法及时就地解决群众合理诉求，注重源头预防，夯实基层基础，加强法治建设，健全化解机制，不断增强工作的前瞻性、系统性、针对性，真正把解决信访问题的过程作为践行党的群众路线、做好群众工作的过程。各级党委要加强对信访工作的领导，关心、支持、爱护信访干部，建设一支对党忠诚可靠、恪守为民之责、善做群众工作的高素质信访工作队伍，不断开创信访工作新局面。

这一指示是对信访工作最根本、最核心的概括，信访工作是以人民为中心、“千方百计为群众排忧解难”，是践行党的群众路线、做好群众工作的过程。2017 年 7 月 18—19 日，第八次全国信访工作会议在北京召开，会议要求认真学习贯彻习近平总书记重要指示精神，坚持党的群众路线，不断提高信访工作专业化、法治化、信息化水平，推动依法及时就地解决群众合理诉求，不断开创信访工作新局面。

---

① 《人民日报》2017 年 7 月 20 日。

党的十九大报告中明确提出，“提高保障和改善民生水平，加强和创新社会治理”，从 2020 年到 2035 年，现代社会治理格局基本形成，社会充满活力又和谐有序，也对完善信访制度提出了更高的要求。新时代要立足信访工作的新定位，积极适应新时代社会主要矛盾变化对信访工作的新要求，坚持以人民为中心，深入推进信访工作制度改革，更好地维护群众合法权益、维护社会稳定，为决胜全面建成小康社会、全面建设社会主义现代化国家提供重要保障。

2022 年 5 月 25—26 日，第九次全国信访工作会议在北京召开，习近平等党和国家领导人会见会议代表。会议指出，学习贯彻习近平总书记关于加强和改进人民信访工作的重要指示精神，牢记为民解难、为党分忧的政治责任，深入实施《信访工作条例》，奋力谱写新时代信访工作高质量发展新篇章。

二、运用法治思想和法治方式做好信访工作

党的十八大强调，依法治国是党领导人民治理国家的基本方略，法治是治国理政的基本方式，把“依法治国基本方略全面落实，法治政府基本建成”列入 2020 年实现全面建成小康社会宏伟目标之中，[①] 进一步凸显了依法治国的重要性。依法治国是全面建成小康社会、实现中华民族伟大复兴中国梦的重要保障。习近平多次强调依法治国的重要性，提出了“建设法治中国”的治国目标，并将其定位为实现中国梦宏伟蓝图的重要内容。党的十八大以来，依法治国方略围绕着全面深化改革措施的推进而进一步展开。2014 年十八届四中全会通过《关于全面推进依法治国

---

① 中共中央文献研究室编：《十八大以来重要文献选编》上，中央文献出版社 2014 年版，第 21 页。

若干重大问题的决定》，对依法治国进行总体部署和全面规划，提出“建设中国特色社会主义法治体系和建设社会主义法治国家”的总目标。与党的十五大提出的形成社会主义法律体系相比较，其内容和精神实质已发生明显变化。法律体系注重立法层面的有法可依，而法治体系则覆盖到立法、执法、司法、守法全过程，涵盖了依法治国、依法执政、依法行政与法治国家、法治政府、法治社会各方面。

依法信访、依法治访是全面推进依法治国的必然要求，也是信访制度改革的基本方向。2013 年 11 月，十八届三中全会通过的《中共中央关于全面深化改革若干重大问题的决定》明确提出：“改革信访工作制度，实行网上受理信访制度，健全及时就地解决群众合理诉求机制。把涉法涉诉信访纳入法治轨道解决，建立涉法涉诉信访依法终结制度。”① 这为深化信访制度改革指明了努力方向。2017 年 9 月，中共中央办公厅、国务院办公厅印发《关于进一步加强信访法治化建设的意见》，对加强信访法治化建设作了具体部署。

（一）依法分类，推进涉诉涉法信访改革

由于信访与其他法定途径之间的边界不清，受理范围不够明确，信访部门对处理涉法涉诉信访与普通信访未进行严格区分，通过信访推动诉讼程序的事情时有发生，一些本来应该通过其他法定途径解决的问题涌入了信访渠道。这种现象反过来又强化了上访者们“信访不信法”的心态，形成恶性循环。如果诉讼与信访一直交织、法内处理与法外解决一直并存，必将严重影响司法的功能和权威。长期以来，我国每年的信访总量中，涉法涉诉信

① 《十八大以来重要文献选编》（上），中央文献出版社 2014 年版，第 540 页。

访约占70%。这导致信访渠道不堪重负，而其他法定途径效用难以充分发挥，群众合理诉求得不到依法及时合理解决。为了能更好地维护广大群众的合法权益，破除“信访不信法”的尴尬，涉法涉诉信访改革迈开步伐。

2013年1月7日，全国政法工作会议召开，把涉法涉诉信访工作机制改革确定为政法系统重点改革之一。按照试点先行的工作思路，分四批部署全国政法机关逐步开展试点工作。2013年3月5日，十二届全国人大一次会议政府工作报告进一步明确部署：推动涉法涉诉信访工作改革，畅通和规范群众诉求表达、利益协调、权益保障渠道。[①] 从2013年12月开始，信访部门对涉诉涉法信访事项“不受理、不交办、不协调”，支持政法机关依法处理涉法涉诉信访问题。对前来上访的涉法涉诉群众进行疏导、解释，引导他们到政法部门按程序反映问题，尊重司法结论，维护司法权威。另外，对遇到的新情况、新问题认真研究，及时分析，负责任地向有关机关提出意见和建议，共同做好这项工作。[②]

十八届三中全会通过的《中共中央关于全面深化改革若干重大问题的决定》明确提出“把涉法涉诉信访纳入法治轨道解决，建立涉法涉诉信访依法终结制度”。[③] 2013年，中共中央办公厅、国务院办公厅印发《关于依法处理涉法涉诉信访问题的意见》，启动诉访分离改革，全面阐述了建立涉法涉诉信访依法终结制度、依法处理涉法涉诉信访问题的主要内容、配套措施和具体工

① 《人民日报》2013年3月19日。

② 龚维斌主编：《中国社会体制改革报告（No. 10・2014）》，社会科学文献出版社2014年版，第6页。

③ 中共中央文献研究室编：《十八大以来重要文献选编》上，中央文献出版社2014年版，第540页。

作要求，基本厘清了行政体系信访与司法体系信访的界限。2015年，国家信访局推行依法分类处理信访诉求，积极推进访诉分离，实行通过法定途径分类处理信访投诉请求，引导信访人依法向有关政法机关反映涉法涉诉问题；同时，根据法律权限，进一步梳理分类，出台责任清单，通过法定途径分类处理信访投诉请求。

2017年，国家信访局发布《中央和国家机关信访事项受理办理工作有关规定（试行）》《依法分类处理信访诉求工作规则》推动依法分类处理信访诉求工作。到2017年8月，已有37家中央部委公布了依法分类处理清单，30个省、自治区、直辖市出台了分类处理工作规程和细化清单。在中央部委层面，健全办公厅（室）统筹协调、信访工作机构分流导入、业务部门承接处理、法制工作机构积极参与的工作机制；在地方层面，建立信访工作机构协调指导、相关职能部门共同参与的工作机制。信访工作机构要协调有权处理机关按信访程序受理办理，压实各方责任，防止推诿扯皮，强化协同保障的配套措施，保障群众诉求得到依法及时就地解决。

依法分类处理信访诉求工作在中央和省级层面继续推进的基础上向纵深开展，一些地方还将依法分类处理信访诉求纳入了地方性法规，县级层面全面落地见效，有效改变了“信访是个筐，什么都往里装”的局面，涉法涉诉信访数量开始下降，群众到党政信访部门反映涉法涉诉问题的少了，依法律按程序到政法机关进行申诉的多了。推动涉法涉诉信访工作机制改革，既是全面推进依法治国的必然要求，也是维护最广大人民根本利益的需要，各种社会矛盾，最终还是要在规范的、法律的轨道上解决。

（二）取消信访排名，改革信访情况通报制度

信访排名开始于2005年新修订的《信访条例》的颁布实施。

条例第 7 条规定“各级人民政府应当建立健全信访工作责任制”，“追究有关责任人员的责任，并在一定范围内予以通报”，将信访工作绩效纳入公务员考核体系。以此，国家信访部门每月会对各省、自治区、直辖市“非正常上访”人次数进行排名。信访排名促使地方领导重视信访工作，解决信访案件，持续攀升 12 年的信访总量在 2005 年以后出现连年下降。然而，由于社会转型时期社会矛盾的多发突发，加以法治建设的不够完善和国家治理能力的有待提高，信访排名制度造成地方信访压力很大，导致各地信访部门不惜采取各种手段围堵、拦截群众上访，屡屡发生恶性事件。

2013 年 2 月起，国家信访局取消信访排名通报，① 改变过去“大排名、大通报”的做法，实行“点对点、一对一”向地方通报进京非正常上访情况。随后，一些地方也陆续开始取消信访考核和排名。取消信访考核和排名后，上访人数不再与当地政府信访工作评价直接挂钩。若有群众在非正常上访过程中产生违法犯罪行为，也应由公安机关依法处理，而不应简单归咎于信访群众所在地政府“控访不力”，从而推动地方政府把信访工作重点从以往以“控访”“截访”人为减少信访数量，转为依法维护群众信访权利，为群众信访提供服务，把精力放在源头治理和减少问题上。取消信访排名并不能从根本上解决信访问题，在现有信访形势下，要坚决纠正“重数量、轻解决，重稳控、轻化解”的考核方式，把工作重点放在推动信访问题的解决和化解上，使信访回到法治轨道上。

（三）规范信访程序，引导依法逐级走访

根据 2005 年《信访条例》规定，信访工作实行属地管理、

① 信访排名通报是对各地重复进京非正常上访情况的排名和通报。

分级负责，谁主管、谁负责的原则，信访人应当逐级按程序反映信访事项。尽管如此，仍有不少群众选择越级走访。据统计，2013 年，占中央国家机关接访量 90% 以上的 12 个部门共接待群众来访 59.1 万人次，同比上升 40.9%，而省级仅上升 12.8%，市级、县级则分别下降了 2.6% 和 7.1%，呈现出层级越高增幅越大的上行态势。①

为进一步强化属地责任、提高信访工作效能，引导来访人依法逐级走访，推动信访事项及时就地解决，国家信访局制定《关于进一步规范信访事项受理办理程序引导来访人依法逐级走访的办法》，自 2014 年 5 月 1 日起正式实施。办法规定，信访人应当根据信访事项的性质和管辖层级，到依法有权处理的本级或上一级机关设立或者指定的接待场所提出，但通过网络、邮件等形式进行信访则不受限制。为方便群众分清信访事项受理层级、依法逐级走访，国家信访局设计了群众依法逐级走访示意图。办法实施后，对于越级走访的信访人，采取相应的方式进行劝导，依法保障人民群众的正常信访活动，积极引导群众依法逐级反映诉求，依法及时就地解决问题。

不准越级上访，并不代表地方政府、部门信访工作的压力小了，反而是责任增强了，要求提高了，以后再也不能像过去那样“踢皮球”，什么事都往上级推。推行依法逐级走访，旨在规范信访工作程序，依法解决信访问题：一是从制度上明确各级党政机关信访责任，进一步压实有权处理部门的责任，分级受理职责范围内的信访事项，促使基层及时就地解决信访问题，也能使上级机关更好地发挥督查督办、统筹协调的作用；二是能够大大降低信访成本，有利于提高信访工作效率，构建规范、有序的信访秩

① 《人民日报》2014 年 6 月 16 日。

序，解决基层信访不断向中央集中等突出性问题；三是为有权处理机关和来访群众指明一条步骤清晰、要求明确的路径，切实减少群众的信访成本和奔波劳累之苦。

2014 年 6 月 13 日，全国依法逐级走访工作电视电话会议在北京召开，强调要全面推行依法逐级走访，进一步压实信访事项办理责任，规范工作程序，推动及时就地解决信访问题，切实维护好群众的合法权益。推进依法逐级走访开局良好、初见成效，各地履职尽责，及时就地解决群众合理诉求，进京正常来访、非正常上访和上访老户的数量明显减少，群众走访下行的态势比较明显，来访接待场所的秩序明显好转。

（四）全面推行涉法涉诉案件律师代理制度

为深入推进涉法涉诉信访改革，针对“案结事不了”现象，全面推行律师参与化解和代理涉法涉诉信访案件制度。《中共中央关于全面推进依法治国若干重大问题的决定》要求实行诉访分离，对“不服司法机关生效裁判、决定的申诉”，“逐步实行由律师代理制度”。① 2015 年 6 月 8 日，中央政法委印发《关于建立律师参与化解和代理涉法涉诉信访案件制度的意见（试行）》，在全国全面推行涉法涉诉案件律师代理制，引导信访群众依法理性表达诉求，通过法定程序表达诉求、依靠法律手段解决纠纷、维护自身合法权益；在信访“法定途径优先”的原则下，规定了不同种类信访的具体处理办法，主要有坐班值守型、专案专人服务型、专家评查型和代理型等四种不同的运行模式。四种模式虽然运行相同，在实践中，都采取政府购买公共服务等形式，由精通业务的律师具体实施。

① 《中国共产党第十八届中央委员会第四次全体会议文件汇编》，人民出版社 2014 年版，第 25 页。

2016年12月，司法部、国家信访局印发《关于深入开展律师参与信访工作的意见》，按照自愿平等的原则，律师参与接待群众来访、参与处理疑难复杂信访事项、服务信访工作决策、参与信访督查，提升信访领域法律公共服务水平。截至2017年8月，全国31个省、自治区、直辖市和新疆生产建设兵团，及2700多个市县实现了律师参与信访，在化解疑难复杂信访问题、提高信访事项处理质量、引导群众理性表达诉求等方面取得了良好效果。①

（五）推进信访立法，中共中央、国务院印发《信访工作条例》

立善法于天下，则天下治。推进信访立法，完善信访制度，是推动信访工作高质量发展的根本之举。多年来，信访立法的社会呼声一直较高。信访领域仅有《信访条例》一部国家层面的行政法规，存在法律位阶较低、规范范围较窄、与相关法律法规衔接不够等问题。2013年信访工作制度改革启动以来，我国信访法治化建设稳步推进。2014年10月23日，十八届四中全会通过《中共中央关于全面推进依法治国若干重大问题的决定》，提出全面推进依法治国，建设社会主义法治国家。全面推进依法治国必然要求依法信访、依法治访，也必然要求信访立法、完善信访法律体系，建立科学、合理的信访制度框架。

2015年，中央层面出台了系列规范性文件，对信访工作作出了具体规定。如：中央政法委印发《关于建立律师参与化解和代理涉法涉诉信访案件制度的意见（试行）》；国家信访局印发《信访事项办理群众满意度评价工作办法》《国家信访局办公室关于进一步加强信访新闻发布工作的通知》《国家信访局关于进

① 白阳：《十八大以来全国信访形势持续好转》，载《中国纪检监察报》2017年8月23日。

一步加强政务督查抓好工作落实的办法》《国家信访局关于进一步加强和规范信访统计工作的意见》《关于进一步加强和规范联合接访工作的意见》《信访事项网上办理工作规程（试行）》。国务院部分部门对自身的信访工作也以发布规范性文件的方式进行了规制。民政部、环境保护部、商务部、教育部、国土资源部、工业和信息化部、工商总局先后印发“关于推进通过法定途径分类处理信访投诉请求工作”的实施意见、通知，规定了不同种类信访的具体处理办法，确立了“法定途径优先”，以法定途径处理本部门信访工作的原则。2015 年，地方信访立法也取得突破。《山东省信访条例》使信访主体、信访程序、涉诉信访等问题可以更多地在法治化道路上运行，《河北省信访条例》新条款对于缠访闹访等不法行为也进行了新的规制。江西、湖北、广东、上海等省市出台了对信访活动中违法行为的处理意见，有效维护了信访秩序，如《广东省信访事项复查复核办法》《上海市信访事项听证办法》《上海市信访事项查询试行办法》等。

制定信访法是全国人大常委会 2017 年立法工作计划预备及研究论证项目。信访立法草案建议已完成，包括 10 章 76 条，建议稿重新界定了信访、信访请求等概念的法定内涵，坚持信访信息公开、信访与诉讼分离等原则，主动运用互联网公开信访信息，设置了“恳谈会”“议事会”等新型信访工作机制，推动政府公共政策自我优化，促进行政机关、行政人员依法行政。2017 年 12 月，十二届全国人大常委会第三十一次会议，法律委员会收到四件关于制定信访法的议案，就厘清信访与诉讼、仲裁、行政复议等法定途径间的关系，明确信访人的权利与义务，健全完善信访工作机制和程序、科学设置信访工作机构的职责权限及明确信访工作责任等提出建议。法律委员会、法制工作委员会会同有关方面认真研究议案中提出的信访立法相关建议，抓紧进行起草工作。

2022年4月，中共中央、国务院印发《信访工作条例》并发出通知，要求各地区各部门认真遵照执行。《信访工作条例》以习近平新时代中国特色社会主义思想为指导，深入贯彻习近平总书记关于加强和改进人民信访工作的重要思想，总结党长期以来领导和开展信访工作经验特别是党的十八大以来信访工作制度改革成果，是新时代信访工作的基本遵循。《信访工作条例》共6章50条，系统回答新时代信访工作一系列重大理论和实践问题，坚持和加强党对信访工作的全面领导，理顺信访工作体制机制，实现对信访工作领域的全覆盖，进一步规范和加强新时代信访工作。通知要求，各地区各部门要把握新时代信访工作原则和要求，践行以人民为中心的发展思想，完善信访工作责任体系，把党中央关于信访工作的方针政策和决策部署落到实处。《信访工作条例》自2022年5月1日起施行，国务院《信访条例》按法定程序废止。通知要求做好《信访工作条例》的学习培训、宣传解读和落实情况的督促检查，在全社会营造办事依法、遇事找法、解决问题用法、化解矛盾靠法的良好环境。

三、以人民为中心创新群众工作方法

信访工作是党的群众工作的重要组成部分，用群众工作统揽信访工作，来自多年信访工作的实践，是对党的群众工作、信访工作理论的丰富和发展。党的十八大、十八届三中全会和习近平总书记系列重要讲话精神对信访工作作出了新部署，强调信访工作是党的群众工作的重要组成部分，要以人民为中心，“千方百计为群众排忧解难”，在切实维护群众合法权益、及时反映社情民意、着力促进社会和谐等方面发挥着重要作用。

（一）以人民为中心，为群众排忧解难

2013 年 10 月，为纪念毛泽东批示“枫桥经验”① 50 周年，习近平总书记要求“适应时代要求，创新群众工作方法，善于运用法治思维和法治方式解决涉及群众切身利益的矛盾和问题，把‘枫桥经验’坚持好、发展好，把党的群众路线坚持好、贯彻好”。中共中央办公厅、国务院办公厅于 2013 年 12 月印发《关于创新群众工作方法解决信访突出问题的意见》，全面部署了新形势下创新群众工作方法、提高解决信访突出问题。

践行好以“人民为中心”的发展思想，是新形势下做好信访工作的关键。要把信访工作做到群众心坎上，发挥党的群众工作优势，创新群众工作思路、方法，实现好、维护好、发展好最广大人民群众的根本利益，真正聚人心、得民心，必须做到：（1）依法维护群众合法权益，解决群众反映强烈的突出问题。2013 年以来，国家信访局先后分 13 批次，派出 64 个督查组、抽调 643 人次、赴 30 个省份及新疆生产建设兵团，对信访事项进行实地督查，有力地推动解决了一批信访突出问题。2017 年 4 月，国家信访局会同住房和城乡建设部、国土资源部等组成 6 个督查组，分赴河北、内蒙古等地对 48 件信访事项进行了实地督查，重点围绕房地产领域保障性安居工程信访事项实地督查，有针对性地向当地党委、政府反馈督查意见，切实推动问题解决。最高人民检察院领导、最高人民检察院检委会专职委员高度重视群众来信来访和网络舆情反映的民生问题，促进解决了一批群众反映强烈的突出问题。中央第七环境保护督查组转办甘肃省的前

---

① 20 世纪 60 年代初，浙江省诸暨市枫桥镇干部群众创造了“发动和依靠群众，坚持矛盾不上交，就地解决。实现捕人少，治安好”的“枫桥经验”。1963 年，毛泽东亲笔批示“要各地仿效，经过试点，推广去做”。

27 批 1667 件环境信访投诉问题中，已办结 1210 件，办结率 72.59%。广西壮族自治区重视扶贫领域产生的信访问题，为扶贫领域信访工作开辟绿色通道。湖北省公开实地督查一批保障性安居房信访事项，推动了信访事项限期解决。（2）创新群众工作思路、方法，提高解决信访问题的能力和水平。国家信访局完善代表建议办理工作机制和方式方法，加强对办理工作的督促和协调，推动重点督办建议取得更多办理实效，营造良好的社会环境和舆论氛围。浙江省推进“最多跑一次”，深化“四张清单一张网”改革的决策部署，推进统一政务咨询投诉举报平台建设，全力实现群众信访“最多跑一次”的目标。吉林省全力打造人民信访新模式，在强化群众理念上用真心，实现从维稳向维权转变；在责任信访上动真格，实现“领导抓”向“抓制度”的转变；在分析研判形势上献真言，实现从事后参谋向事前诸葛亮的转变。上海开展人民建议征集活动至 2017 年已有 6 年，一个建议改进一项工作已成为常态，截至 2017 年 11 月底，市信访办以摘报形式上报重要人民建议事项 139 件，市领导共批示 181 条，职能部门采纳率达 92.7%。此外，各地积极探索创新信访工作机制：湖北咸宁实行“四访”机制，创新群众信访工作；河北武安建“网络舆情室”，搭服务群众桥；青海海西打造“三层四级”矛盾调解工作体系，打通服务群众“最后一公里”；河北衡水创新信访三级调处机制，让“中转站”成为“终点站”；上海闵行创新“三分模式”有效化解信访案件，分类分级分责解除信访人之困。

随着各项体制机制的完善，信访事项平均办理时长由 2017 年的 21.5 天缩短至 2021 年的 14.6 天，大批信访矛盾在基层得到了有效化解，使信访工作更加优质高效。

（二）用群众工作统揽信访工作

2013 年 10 月 11 日，纪念毛泽东批示“枫桥经验”50 周年大会在浙江杭州召开，对新形势下坚持和发展“枫桥经验”、创新群众工作方法、解决信访突出问题提出了明确具体的要求。

2013 年 12 月，中共中央办公厅、国务院办公厅印发《关于创新群众工作方法解决信访突出问题的意见》（中办发〔2013〕27 号），从五个方面作了具体规定，即：着力从源头上预防和减少信访问题发生、进一步畅通和规范群众诉求表达渠道、健全解决信访突出问题工作机制、全面夯实基层基础、切实加强组织领导。① 社会各界普遍认为，十八届三中全会通过的《中共中央关于全面深化改革若干重大问题的决定》明确提出改革信访工作制度的要求，是深入推进信访工作制度改革的重要措施。各地区各部门在实践中创造总结了一些具有普遍借鉴意义的经验做法，比如“阳光信访”、干部下访、联合接访、集中力量化解信访积案等，都体现出用群众工作理念和方法解决信访突出问题的思路。

（三）加强初信初访办理，从源头化解矛盾

2014 年 1 月 1 日起，国家信访局开展信访事项办理群众满意度评价试点工作，对初次登记受理的非涉密署名的求决类来信、来访和网上投诉事项，依托全国信访信息系统实行群众满意度评价，推动初信初访事项的及时就地解决。3 月，十二届全国人大二次会议政府工作报告在对 2014 年重点工作的部署中指出，要“改革信访工作制度，及时就近化解社会矛盾”。4 月，国家信访局《关于进一步规范信访事项受理办理程序引导来访人依法逐级走访的办法》要求“高度重视初信初访，及时就地妥善处理信访事项，防止因受理不及时、办理不到位导致信转访或走访上行”。从 2014 年国家信访局启动群众满意度评价体系试点工作以来和

① 中共中央办公厅、国务院办公厅印发《关于创新群众工作方法解决信访突出问题的意见》，载《人民日报》2014 年 2 月 26 日。

《信访条例》执法检查情况看，初信初访办理工作质量和效率有所提高，但仍存在一些问题。如对初信初访问题解决不到位，导致初转重、信转访；一些信访工作机构对有权处理机关督促检查不够，未转交到有权处理机关解决问题；一些有权处理机关没有按规定出具书面文书或答复主体错位、要件不全。

为进一步加强初信初访办理工作，把初信初访问题解决在责任属地、解决在初始和萌芽状态，国家信访局印发《关于进一步加强初信初访办理工作的办法》，2014 年 11 月 1 日开始实施。该办法进一步严格细化初信初访办理工作流程，明确信访工作机构和有权处理机关的职责，压实有权处理机关的责任，保障初信初访办理工作各项责任落实到位，提高办理质量和效率。有权处理的机关收到初信初访事项应当在 15 日内决定是否受理，并向信访人出具是否受理告知书。通过初信初访办理情况群众满意度评价，加大公开力度，推动及时就地解决初信初访问题。加大初信初访办理工作的考核比重，保障初信初访办理工作各项责任落实到位。《关于进一步加强初信初防办理工作的办法》的出台，就是要着力推动第一时间把群众的合理合法诉求解决到位，降低群众的信访成本，从制度机制上推动形成办事依法、遇事找法、解决问题用法、化解矛盾靠法的信访工作环境。

2015 年 6 月 24 日，国家信访局印发《关于进一步加强和规范联合接访工作的意见》，要求通过分级分类接访、领导干部定期接访、领导干部带案下访、视频接访等方式，将信访事项特别是初次来访解决在初始、化解在属地。

（四）启动群众满意度评价机制

2014 年国家信访局对初次受理的非涉密署名求决类信访事项启动群众满意度评价工作后，从试行情况看，受到社会关注和群众欢迎，在规范信访事项办理、压实主体责任、保障群众参与权知情权、扩大社会监督等方面取得了积极成效。同时，实践中也存在一些问题，比如，群众参评率还不够高，整体满意度还不够高。原因主要是对这项工作的宣传、引导力度还不够，有的政策解释不准确、不全面，群众产生了误解；有的信访事项办理程序不规范、解决问题不到位，群众不满意；也有部分群众诉求偏高，甚至不合理，依法按政策不能解决而产生不满。2014 年 12 月，国家信访局发布《信访事项办理群众满意度评价工作办法》，首次将群众满意度评价纳入信访工作考核，明确了群众满意度评价的主体及评价对象、评价范围、评价内容和指标，以及评价起止时间、查询评价方式、评价结果运用等相关方面内容。2014 年底，全国网上信访信息系统建成使用，进一步扩大纳入满意度评价的初信初访事项范围，扩大群众参与度，信访工作流程公开透明，形成倒逼效应，推动提高初信初访办理工作的质量和效率，促进初信初访问题及时就地解决。2015 年 1 月 1 日，国家信访局开始施行《信访事项办理群众满意度评价工作办法》。

推进网上群众满意度评价，主要依托网络信息化技术，以健全网上信访受理制度为重点，信访事项办理可查询、可跟踪、可督办、可评价，逐步实现过程公开、结果透明，实现群众全方位参与的“阳光信访”。只有把信访工作评判权交给群众，才有可能提高信访工作透明度和公信力，进一步强化责任倒逼机制，压实主体责任，推动合理合法诉求得到及时就地解决。

为更好地引导和方便群众参加对信访事项办理情况的评价，国家信访局采取建立即时告知短信平台、开通微信公众号和手机客户端等措施，加强对满意度评价结果的跟踪，把满意度评价结果纳入党委、政府信访工作绩效考核内容。对群众反映强烈的突出问题，要及时报告同级党委、政府，督促责任单位依法按政策解决群众合理诉求。

四、提升信访治理能力和探索信访信息化新模式

加强信访工作队伍建设，提升信访干部的综合素质，推进信访工作专业化，是做好信访工作的重要保证。习近平指出，“各级党委要加强对信访工作的领导，关心、支持、爱护信访干部，建设一支对党忠诚可靠、恪守为民之责、善做群众工作的高素质信访工作队伍，不断开创信访工作新局面”。①

（一）加强信访工作队伍建设，提升专业能力

国家信访局制定2017年干部教育培训工作计划，深化培训内容、创新培训方式、突出培训效果，采取综合类培训、专题业务培训和跟班学习培训等多种方式，持续强化全国信访系统干部队伍的理论武装和党性教育，提高干部做好新形势下信访工作的能力和水平。交通运输部办公厅2017年制定并印发的《关于进一步加强交通运输信访干部队伍建设的意见》指出，各单位各部门要按照充实力量、优化结构、提升素质、发挥作用的要求，努力造就一支政治坚定、纪律严明、办事公道、作风优良、熟悉法律法规和政策、拥有丰富群众工作经验、具备较强社会管理能力的信访干部队伍。2017年底，江苏省首次举行全省信访系统业务比拼的“大练兵大比武”竞赛，意在规范信访基础业务，增强信访干部履职能力。

选派干部到信访岗位挂职锻炼是促进解决信访问题、改进中央和国家机关工作的有效途径，是培养锻炼干部、优化成长路径

① 《人民日报》2017年7月20日。

的重要方式。党的十八大以来，江苏省、市、县三级先后选派了1000多名干部到信访岗位挂职锻炼，推进了信访工作和社会稳定，提高了干部能力素质，拓展了干部实践锻炼途径。2017年，中组部选派第16和第17批中青年干部积极融入，主动作为，完成到国家信访局挂职锻炼的各项工作任务，加深了对信访工作的认识，提高了处理具体问题的能力。十九大召开后，中组部又选派第18批中青年干部到国家信访局挂职锻炼，把到信访岗位挂职作为培养干部、了解干部、用好干部的重要渠道。

党的十八大以来，涌现出一大批扎根基层、甘于奉献，深受群众认可的信访干部先进典型。国家信访局于2016年8月在全国启动“寻找最美信访干部”活动，广大群众广泛参与，经过8个多月的重重筛选，10名来自天津、湖北、新疆等地的基层信访工作者于2017年4月在北京受到表彰，并被授予“最美信访干部”称号。国家信访局在全国信访系统开展“最美信访干部”学习宣传活动，激发信访干部干事创业的热情，全面提升信访干部的党性修养、道德品质和业务能力。为弘扬信访干部为党分忧、为民解难、无私奉献的精神和激励广大信访干部作出新的更大贡献，2017年4月，国家信访局发布《关于向从事信访工作25年以上的信访工作者颁发荣誉证书的通知》，向从事信访工作25年（含）以上的信访工作者颁发荣誉证书。2017年7月，国家信访局表彰全国信访系统优秀信访局局长（主任）、优秀办信员、优秀接谈员、优秀投诉办理员、优秀督查员和优秀信访工作者，号召广大信访干部要以“六优”为榜样，发扬工匠精神，注重锤炼过硬本领，努力成为行家里手。

信访工作作为一项涉及民主参与、权利救济、纠纷解决、社会治理的综合性、系统性工作，需要在更广范围统筹各种资源，以开放性架构吸纳各种专门队伍和社会力量，构建共治共享格局，形成综合治理的工作格局。为化解信访积案难题，江西省各级信访部门通过成立信访问题研判人才库、引入律师评查机制等方式探索引入第三方力量参与积案的化解。2014—2016 年，江西省共化解办结信访积案 5305 件。上海市则让年轻高知成为金融信访工作者主力。金融系统的信访事项具有专业性强、复杂程度高等特点，让金融系统的青年群体参与到金融系统的信访工作中来，在建设上海国际金融中心、防范金融风险过程中发挥着巨大的作用。2015 年以来，贵州印江全面推进农村“法律明白人”培训工程，让看得懂、讲得出、用得上的农村“法律明白人”，承担村里的法制宣传、法律服务、法律援助、调处纠纷的任务，义务为乡亲当信访代理人。

（二）完善问责考核，打造责任信访

解决信访问题，落实责任是关键。打造“责任信访”，就是规范信访基础业务工作，把信访工作责任落实到信访部门和有关责任部门，确保各项工作符合《信访工作条例》和工作规定，进一步完善解决问题机制，推动信访问题及时就地解决。

2014 年 12 月 12 日，国家信访局首次对外发布 20 件实地督查督办的信访事项，公开内容包括信访人反映的基本情况、督查组对信访事项的核查情况、当地对督查建议的工作情况。2015 年 2 月 15 日，国家信访局印发《关于进一步加强政务督查抓好工作落实的办法》，建立统筹实地督查机制，督导化解信访积案。围绕依法逐级走访，国家信访局完善信访工作责任落实机制，强化属地和有权处理机关责任，加大问责力度，压实领导干部接访、下访和包案化解，提高初信初访的一次性办结率。同时，改进考核办法，将责任落实情况纳入信访工作考核重要内容，重点考核“三率”，即信访事项及时受理率、按期办结率和群众满意率，推动各地变“数量压力型”为“质量责任型”。对因决策不当、不作为、乱作为，损害群众利益，导致问题多发、矛盾激化的，约谈相关负责人，情节严重的严肃追究责任。2015年，国家信访局派出督查组分赴除西藏外的30个省、自治区、直辖市督查信访事项322件。2015年，中央信访工作联席会议办公室向各省一把手转送了积案607件，促进了信访个案解决和成批问题化解的良性互动。

中共中央办公厅、国务院办公厅印发的《信访工作责任制实施办法》自2016年10月8日起实施，就责任内容、督查考核、责任追究作出具体规定，首次明确规定信访工作各责任主体的责任内容，并对问责主体、方式、程序等方面加以明确，完善了信访工作考核评价制度，强化了信访工作问责力度，为推动信访问题及时就地依法解决提供了制度保障。各省份陆续制定实施《信访工作责任制实施细则》，省市县乡层层签订信访工作目标责任书，按照党政同责、一岗双责、失职追责的要求，将“严”字贯穿到底，确保信访工作与其他工作同部署、同检查、同考核。

（三）重视新闻宣传，建立新闻发言人制度

信访宣传是信访部门引导社会舆论、回应公众关切，把握主动权、提升公信力的重要工作。当前，涉及信访的舆情事件多发频发，在最需要发声的关键时刻，信访部门“失声”。一些“道听途说”大行其道、个别“专家解读”混淆视听，产生了许多误解和误读。在黑龙江庆安枪击事件中，误把当事人说成“上访人”的事例说明：“只做不说”的思维已无法适应“人人都有麦克风、都是通讯社”的新媒体时代。信访部门积极适应媒体发展的新特点和舆论环境的新变化，重视新闻宣传和舆论引导，主动发声，在开展舆情研判引导、主动争取话语权等方面作出了积极努力。

2014年12月12日，国家信访局首次对外发布20件实地督查督办的信访事项。此举受到社会各界普遍关注，一些专家学者和广大网民纷纷予以好评。2015年1月30日，国家信访局首次举办媒体开放日，在京的12家媒体零距离接触信访工作全过程。2015年，在国家信访局先后派出的5批次督查组分赴30个省、自治区、直辖市开展的集中督查中，10余家媒体记者受邀全程参与信访督查。各大媒体刊发稿件70多篇，均在重要版面或位置，进行了高规格、大篇幅的报道，在社会上产生了广泛影响。北京、山西、湖南等地信访部门积极与媒体合作，借助媒体公开评议，推动解决信访事项，既突出了正面引导，也体现了媒体监督。新闻媒体记者实地参加信访事项的督查、督查结果的公开将成为常态。

信访系统新闻发布工作常态化是在党的十八大以后。2015年1月27日，国家信访局办公室印发《关于进一步加强信访新闻发布工作的通知》，要求大力加强信访部门新闻发言人制度建设。2015年，首次在省级和副省级城市层面全面设置信访部门新闻发言人。国家信访局要求，在6月30日之前，县级以上信访部门都应建立新闻发言人制度，原则上由信访部门主要负责人担任新闻发言人。5月，国家信访局首次举办全国信访系统新闻发言人培训班。信访系统过去“只做不说、多做少说”的宣传工作观念得到改变。信访系统强调主动发声，及时回应社会关切。

（四）阳光信访，实行网上受理信访制度

畅通和拓宽信访渠道是信访制度改革和创新的重要内容，党的十八届三中全会明确提出，“改革信访工作制度，实行网上受理信访制度，健全及时就地解决群众合理诉求机制”。这一措施加快了网上信访制度建设，推进了阳光信访和信访信息化建设，网上信访逐步变成解决信访问题的主渠道。

畅通信访渠道是加强同人民群众联系，及时了解社情民意并迅速化解社会矛盾的重要措施。在畅通渠道方面，各地结合实践逐步形成了一系列行之有效的信息汇集制度，建立了领导干部接访、亲自批阅群众来信、带案下访、网上信访、视频接访、信访代理、绿色通道、民生热线、市长电话等制度。2013 年中共中央办公厅、国务院办公厅印发《关于创新群众工作方法解决信访突出问题的意见》，要求“健全公开透明的诉求表达和办理方式”，“实行网上受理信访制度，大力推行阳光信访，全面推进信访信息化建设”，“把办理工作置于群众监督之下，提高信访公信力”。在拓宽渠道方面，实行网上受理信访制度，方便群众足不出户反映问题，最大限度降低了群众的信访成本。

国家信访局于 2013 年 7 月全面放开网上投诉受理内容，并于 2016 年 7 月、9 月开通手机信访和微信信访。围绕提升信访工作效率和公信力，国家信访局以信息化建设和应用为突破口，建立“网下办理，网上流转”的群众信访事项办理程序，依托全国信访信息系统，将接待来访、办理来信、督查督办、接受投诉等全部信访事项放在网上流转，把受理、办理和处理结果等重要环节和内容通过网络公开，实现信访事项的“可查询、可跟踪、可督办、可评价”的网上全覆盖。网上信访渠道持续拓宽，公开透明工作机制不断完善，便民利民优势不断显现。网上信访好用管用，全国网上信访量在 2016 年同比上升 106.8%，2017 年上半年同比上升 116.1%，绝大多数群众网上投诉的信访事项得到及时有效解决，网上信访成为信访的主渠道，移动端信访成为网上信访的主要方式。2018 年上半年，国家信访局受理的网上信访量已超过总量的 50%，多个省份的网上信访量也占比过半，网上信访已然成为群众信访主渠道。国家信访局移动端信访量已占网上信访量七成以上，全国有30个省份实现网上信访向“掌上信访”延伸，网上信访“最后一公里”正在逐步打通。网上信访实现了让数据多跑路、群众少跑腿，有效降低了信访成本，提高了信访事项办理效率，逐步把网上信访作为解决信访问题的主渠道。

网上信访起于发达省份，而视频接访则是贵州毕节、云南昭通等欠发达地区针对群众居住分散、交通不便的客观实际，率先进行探索，而后在全国推广开的。2014年5月30日，最高人民法院开通远程视频接访系统。为规范视频远程接访工作，最高人民检察院出台了《最高人民检察院远程视频接访办法（试行）》。2014年12月16日，最高人民检察院进行了首次远程视频接访。截至目前，最高人民检察院已与全国31个省级人民检察院远程视频接访系统全面联通。

为了推进信访基础业务的规范化建设，2015年10月26日，国家信访局印发关于《信访事项网上办理工作规程（试行）》的通知。之后国家信访局举行了多次会议和培训班，并对各地实践情况进行督查。河南省打造“互联网+信访”新模式，2017年着力推进阳光信访，打造“一网通”（网上信访）、“一群通”（微信群工作平台）、“一线通”（省市县乡四级视频工程）、“一点通”（市县主要领导电子信箱信访）、“一掌通”（信访局长和县、市、区主要领导手机短信信访）的“五通”建设，让“五通”成为“互联网+河南信访”新模式。青海省探索“互联网+政务服务”建设，于2017年12月28日启动运行政务服务集约化平台，计划在2020年力争实现所有政务服务事项全程网上办理，能实现网上办理的事项，不得要求必须到现场办理，通过平台网上信访、申报行政许可、获取公共服务和咨询相关事项。新修订的《云南省信访条例》于2017年11月1日施行，增加了加强网络信访的内容，以法律条文规范网络信访工作。湖北武汉市于 2017 年 5 月 12 日成立网上群众工作部，打破传统行政壁垒，将市长热线、城市留言板、阳光信访平台等百余条热线融为一体，将受理办理群众诉求相关的资源、力量、机制全部集成在一起，多家单位跨部门集中办公，受理回复全程公开，满意率低将被通报问责，运用大数据治理、整合、分析投诉建议，助力精细化治理，克服难点、革除痛点、打通堵点，升级群众办事体验。

（五）互联互通，构建国家信访信息系统

信息化是提升信访工作公信力的重要途径，是推动信访工作规范化的重要抓手及带动信访工作制度改革的重要载体。自 2013 年 7 月 1 日国家信访局全面放开网上投诉受理以来，全国信访信息系统逐步建成并基本实现互联互通和资源共享。依托网络信息化技术，以深入推进信访工作制度改革为主线，以实行网上受理信访为重点，逐步实现信访事项办理过程公开、结果透明，打造“阳光信访”，不断提高信访工作公信力。

把网上信访变成信访主渠道，是信访工作的重中之重。为实现以信息化建设和应用为突破口，推动信访工作效能水平和公信力的全面提升，2014 年 4 月，国家信访局印发《关于推进信访工作信息化建设的意见》，就做好网上信访工作，加快全国网上信访信息新平台建设作出部署，明确提出了依托互联网建设纵向到底、横向到边的全国网上信访信息系统的方法步骤和具体时间表。2015 年 1 月 1 日，国家信访信息系统建成运行；2016 年 7 月 1 日和 9 月 1 日，国家信访局手机信访平台和微信公众号相继开通，进一步拓宽了群众诉求表达的新渠道。从中央层面上，36 个中央和国家机关与国家信访综合业务平台信息系统对接联通；从

纵向来说，全国各省、自治区、直辖市和新疆生产建设兵团的三级信访工作机构、8万多个职能部门和乡镇（街道）实现了互联互通，资源共享，全国实现了“一网通”。这个系统纵向直通至乡镇、街道，并带动地方实现横向职能部门的信息联通。

国家信访信息系统已覆盖全部信访形式、业务流程和工作范围，系统运行和数据交换总体平稳，基本实现了互联互通和资源共享，实现了来信、接访和网上信访业务的全覆盖。依托国家信访信息系统，运用大数据等技术，信访部门探索开展信访业务流程标准化管理，自动提取受理、转办、交办等信息，形成了“信访网上投、事项网上办、结果网上评、问题网上督、形势网上判”的全新信访工作模式。全国办理信访业务网上流转、网下办理，实现在网上公开信访事项办理过程、办理方式、办理结果；事项办理进度可以跟踪，并能实时收到系统的短信提醒；办理的过程与结果也可随时查询，并作出评价。

为更好地方便群众，各地各部门在推动业务全覆盖、信息全录入、数据全生成、办理过程全公开的同时，还大力推进网上信访、领导信箱、12345热线及各类服务平台的整合对接，减少群众重复投诉。目前，全国信访信息系统已基本实现国家、省、市、县、乡五级互联互通，构建起集投诉、办理、查询、跟踪、督办、评价于一体的全国网上信访综合应用工作平台，为打造“阳光信访”新模式提供了保障。